Orígens, 148

Pilar Rahola

LA MÀSCARA DEL REI ARTUR

La Magrana

Pérez Galdós, 36 - 08012 Barcelona
magrana@rba.es - www.rballibres.com

Primera edició: abril de 2010
Segona edició: abril de 2010
Tercera edició: maig de 2010
Quarta edició: maig de 2010

Ref.: OMAC124
Isbn: 978-84-8264-120-1
Dipòsit legal: B-25.272-2010
Composició: Víctor Igual, S.L.
Imprès Liberdúplex

A Ell, que s'ha deixat...

ADVERTÈNCIA

Qui s'apropi a aquest llibre amb prejudicis, o amb la motxilla farcida de llocs comuns, o amb el carnet a la boca, que deixi de llegir. Les llegendes urbanes han quedat desades al calaix de les maledicències, i els rumors han retornat al seu caràcter volàtil. No interessen els estereotips. Aquest llibre no és una rebentada, ni una crítica frontal, ni aspira a destrossar l'home que observa de prop. Només aspira a descobrir-lo.

Ell, en aquest llibre, no esdevindrà mai un Monstre.

Que tampoc no s'apropin a la lectura els que cerquen l'elogi desmesurat, la mirada embadalida, la bava rodolant llavis avall. Que fugin els que respiren pels pulmons del líder. Aquest llibre no és una hagiografia, perquè cap sant no hi batega al seu interior.

Ell, en aquest llibre, no esdevindrà mai un Déu.

LA MÀSCARA DEL REI ARTUR

Ha arribat puntual. Les bones maneres no amaguen la seva mirada expectant, recelosa. El reservat del magnífic restaurant on es produeix l'escena és ampli i còmode, i *Ell* es presta a deixar-se mirar, però no es deixarà caçar fàcilment, previngut de les males intencions de qui l'observa. Sembla com si actués. La màscara que duu no és veneciana, cap concessió al barroquisme, però, tot i la seva austeritat, és eficaç. Impenetrable. Comença el ritual de la seducció, i el personatge domina l'escena, actor de llargues temporades, parla, s'explica, ensenya la millor cara. I en el procés de mostrar-se, amaga les febleses, les contradiccions, les pors, l'home que batega darrere la màscara.

L'actor triomfa, però el pati de butaques és buit, perquè és justament l'actuació el que no interessa. *Ell* ho sap. Sap que li volen treure el maquillatge que l'emmascara, i per això mateix actua encara més, frases emfàtiques, excés de transcendència, un cert divisme... El rei vestit, carregat d'artificis. La qüestió és saber si, sota els replecs, hi habita un home complex o bé és l'home sense atributs, devorat pel personatge. Situar-lo davant el mirall, nu, és el repte.

En un racó arrecerat, l'aranya ha començat a teixir la teranyina.

MALS INICIS

Avui, 20 d'octubre del 2009, el llibre queda acordat. Han passat uns mesos des de la primera reunió, i aquesta segona ha trigat a arribar: cap dels dos protagonistes necessaris de l'aventura se sentia segur. Els dubtes de qui ha d'observar eren els previsibles: Es deixarà radiografiar, *Ell*, justament l'home que porta anys preparant-se per camuflar-se? Blindat per una tupida cort d'aguerrits col·laboradors, que posaran el millor somriure mentre amaguen les claus de les portes, i amagat darrere les dobles parets que ha anat construint al llarg de la seva carrera política, no hi ha cap seguretat que es pugui trencar l'escut. L'home que hi ha darrere el polític pot no aparèixer mai, tal vegada definitivament desaparegut en el personatge que s'ha construït. Però el repte és atraient. Qui mira i qui serà mirat... No es coneixen gaire, no són amics, no hi ha cap altra relació que la pròpia del pa amb tomàquet en què es mou la societat catalana, i la mútua mirada és crítica. Per això mateix, intentar saber si hi ha més certituds que mentides en aquest home que vol presidir la Generalitat de Catalunya té l'efecte seductor del risc.

La qüestió és: Finalment caurà la màscara o triomfarà la síndrome d'Estocolm? O, tal vegada, la màscara amagarà un home interessant...

El pas endavant està donat. Els reptes atrauen fatalment.

Per què l'assumeix *Ell*? Potser és un fatxenda convençut de la seva irresistible seducció; potser només és un polític a la sínia, fatídicament atrapat pel moviment que l'empeny... Vol ser president de la Generalitat, i algú li ha dit que no pot negar-se a un llibre com aquest, no fos cas que semblés... covard? Potser li sembla fàcil guanyar la partida, la complicitat que es crearà, la inevitable confiança, *el roce hace el cariño*... O, potser, senzillament, és un home autèntic, tan desaparegut sota la màscara que li han creat, que està disposat a treure-se-la per tal de ser conegut. Un home de veritat. La màscara és tan dual que tant pot protegir-lo de les pròpies misèries com amagar a l'exterior les pròpies grandeses.

Les mirades es creuen sostingudament. El restaurant és més modest. Es nota que avui no convoca l'amo de l'editorial. La cortesia anima les primeres paraules, però l'atmosfera és pesant. Acaba de protagonitzar una intensa entrevista amb Josep Cuní, i no ha sortit viu de les escomeses del Josep. Tema Millet. Molta retòrica, ventilador contra els socialistes, papers legals de la Fundació Trias Fargas, la fundació de Convergència... Però no ha respost l'única pregunta important: *A part de legal, era lícit el que feia la fundació amb els diners del Palau?* A TV3, ha deixat en Cuní excitat, feliç de la intensitat de l'entrevista, però allà, al restaurant, *Ell* no se sent tan feliç. Es queixa de la persecució mediàtica —*ens busquen perquè tenim bones enquestes*; s'atura, bé, no, en Josep no, és un professional, però ha caigut a la mateixa trampa, *un vuitanta per cent de l'entrevista sobre el cas Millet!, no hi ha dret, només parlen d'això*— i encadena les conegudes notes de la vella partitura del victimisme. Enfrontament. *Esteu a la foto i heu quedat ben retratats. No parlem dels socialistes. Ara parlem de vosaltres. No em serveix que sigui legal, és lleig, és il·lícit..., la pàtria no ho justifica tot...* Moments tensos, incòmodes, no hi ha micròfons, no serveixen les excuses oficials, no li serveixen... I l'única pregunta important continua sense resposta.

Ell és així, tan simple? L'home que vol ser president d'aquest país creu realment que l'escàndol que els afecta, arran del cas Millet, només és una conspiració judeomaçònicosocialista? *Clar que els socialistes us busquen, si voleu fer-los fora del Govern! Clar que la vida és dura! Clar que els diaris furguen i no sempre juguen net! Clar que esteu a la diana! I...? La guerra pel poder és descarnada, i vosaltres heu deixat un rastre de sang. Què us esperàveu?*

Què s'esperaven? I el dubte creix a l'interior de la mirada: Aquesta és l'actuació previsible de l'actor que intenta vendre, inútilment, una moto inservible o... es tracta realment d'un missioner que es creu perseguit, talment un messies camí del Gòlgota? No fóra estrany, perquè aquesta música és sovint interpretada pel seu entorn, *resisteix, som a una passa de guanyar, tots van contra nostra, en Pujol també va viure un calvari...* La irresistible temptació del martiri. O l'asfixiant abraçada de la cohort de presumibles pilotes que l'acompanya...

Si és tan simple, la mirada s'entelarà.

A les postres, *sms* del totpoderós secretari d'organització del PSC, l'eficaç, punyent i dur José Zaragoza. Diu: *T'ha ensenyat els convenis?* Com sap que hi ha aquest dinar, si encara no ha acabat? Meravella l'Stasi catalana.

A la sortida del restaurant, tot està endegat. Condicions precises, a banda i banda. Les pròpies:

— Accés a les dues agendes, l'A i la B. Saber què fa, amb qui ho fa, quan ho fa. Els actes rutilants i els gestos menors que no surten a la premsa. Les reunions públiques i... les secretes, les internes del partit, les de militants, les d'empresaris i associacions, les de ciutadans... Conèixer les passes, per poder-ne ser l'ombra.

— La relació serà directa amb *Ell*. David Madí s'haurà de convertir en gàrgola.

— L'entorn restarà quiet i mut.

— El llibre no és negociable. Allò que sigui escrit es publicarà.

Les seves condicions:

— Pot ser seguit arreu, però no tot es pot saber públicament. Demana confidencialitat en alguns casos.

— L'espai privat no entra en el seguiment, fora d'alguna incursió precisa.

I ja està. Surt disparat cap a algun lloc, i la resta es queda tancant serrells. El llibre comença, i l'agenda més immediata està a l'abast. Primer acte? Premis de la Fundació Trias Fargas!!! Certament, l'atzar té un sentit maliciós de l'humor.

L'endemà, doncs, l'home que fins ara era vist des de lluny, simple matèria sucosa d'anàlisi periodística, esdevindrà un element constant de la mirada. Observadora i observat segellen un estrany pacte, vigilats l'un a l'altra, mútuament acceptats, mútuament malfiats. Cap dels dos no sap, tanmateix, si aquest home que ara surt d'un restaurant de Barcelona, després d'acceptar l'ombra silent d'una intrusa, serà el futur president de Catalunya.

Intercanvi de telèfons. *Les jeux sont faits.*

A la tarda, amb la decisió ja presa, recompte dels tòpics, els llocs comuns, les maldats, les llegendes que l'acompanyen, i que caldrà saber si són o no certs. El decàleg dels més suats:

1. És un home vanitós i prepotent, perfectament retratat pel Bruno Oro en el seu doble del *Polònia. Guapooo!*
2. No va enlloc sol, abduït per un pinyol de *suporters* que el blinden de l'exterior i el radicalitzen.
3. No té capacitat de lideratge
4. No és amic d'en Pujol.
5. No pot veure en Duran i Lleida. En Duran tampoc no el pot veure a *Ell.*
6. Forma part del prenafetisme.
7. No sap establir ponts de diàleg amb els adversaris.
8. L'home que més l'influeix és David Madí.
9. No té nivell. És un robot. El *madelman* català.
10. *Ell* i la seva dona són uns *pijos.*

En la distància, els estereotips triomfen amb la precisió quirúrgica de la malícia. Però la mirada serà, a partir d'ara, incisiva i alhora propera. No parteix de cap certesa i, si n'hi havia, han estat totes desades, inservibles per observar lliurement. Només parteix de la indefugible atracció de la curiositat, tal vegada l'arma més poderosa del coneixement.

I SE'N VA A LA TRIAS FARGAS...

A les portes de la sala on s'entreguen els premis de la Trias Fargas, es creuen dos tòtems del món editorial, Fèlix Riera i Joaquim Palau. Maneres educades, algun comentari sorneguer, la temptació indefugible de fer notar que són lletraferits. Arriben d'hora. *Ell* encara no ha arribat, i la gent va entrant sense presses. Noms sense sorpresa, els sospitosos habituals d'un acte com aquest, tot i que menys sospitosos i menys dels habituals. Més absències brillants que brillants presències. En algun moment sembla una d'aquelles velles reunions nacionalistes amb Max Cahner i Joan Triadú impartint doctrina. Fins i tot apareix Josep Maria Cullell, etzibant frases previsibles sobre la maldat del món contra Convergència. L'edat no l'ha asserenat. Continua semblant el nen atabalat del pujolisme, rosset, bonicot, casa bona, eterna promesa a tot... ara amb arrugues.

El temps aturat. Tot és ranci, antic, caducat. Els que entren a la sala es miren com es deu mirar la gent en un prostíbul: *Tu també*? Somriures tímids, està tronant al carrer de la política, i els trons cauen damunt el sostre de la Fundació Trias Fargas. Tothom que ha anat a l'acte de la Nit del Pensament s'ho ha pensat dues vegades.

Jordi Pujol no hi és, i la seva absència, en un dia com aquest, amb la Trias Fargas a la diana de totes les fletxes enverinades de la política catalana, fa remugar algunes velles glòries. *Sempre fa el mateix, quan plou...*

Els que hi són, volen ser-hi. *He vingut*, porten escrit a la cara. I un delerós i atabalat Agustí Colomines reparteix agraïments com si fos el pare de la núvia... el dia de la fuga del nuvi. Agraïments compungits. *No hi ha res com estar de moda*, diu *Ell* en un moment del seu parlament, bo i assegurant que l'assistència ha estat massiva. Massiva? Deuen ser dies de rebaixes a can Convergència.

La mirada sostinguda s'atura en el trajo que porta. Correcte, però obvi, com si hagués tingut poc temps per pensar què posar-se. Trajo blau, corbata de ratlles vermelles, avorrit, eficaç. La roba avorrida sempre és eficaç. Està nerviós? No vol semblar-ne, però és evident que sap que les seves paraules, en aquest moment i lloc, tindran una major transcendència, i resulta més impostat que mai.

Calma sobreactuada. A la sala, la calor és asfixiant. És per contrarrestar el fred que fa als bancs de l'oposició?

Tanmateix, el somriure és glacial, com si fos la foto d'un anunci de dentífric, i el cos, hieràtic, mou alternativament les cames mentre parla Quim Ferrer. El capteniment és de tranquil·litat forçada. Realment aquest home té ganes de ser aquí, avui? No serà la primera vegada que es percebrà una certa absència d'*Ell*, com si hi fos perquè la sínia roda des de fa anys i *Ell* hi és al damunt, resignat. Però no voldria ser-hi... Torna la idea del martiri, talment aquest home cregués veritablement que està fent un servei a la pàtria, que li correspon el sacrifici. Un cert aire trist. És també impostació? O està profundament fatigat i cavalca sense remei cap endavant, no se sap si cap a la glòria o —manllevant Baltasar Porcel— cap a la fosca. Però no para de cavalcar, i avui condueix un cavall encabritat. Vint anys de la mort de Ramon Trias Fargas, i aquí hi ha alguns dels hereus, desesperadament ansiosos de quedar-se'n l'herència. *Ell*, el primer.

Noms que el flanquegen. Felip Puig, la presència pètria a totes les crisis que es fan i es desfan. Llest com la fura, fosc com els secrets que amaga, despietat. Què significa Felip Puig per a *Ell*? Esbrinar-ho serà un repte. Mana al partit i mana en la veu pública de CDC, però no sembla un home del seu pinyol, un dels seus indestructibles. Tot i així, en Puig és un eficaç gladiador capaç d'etzibar cops baixos als contrincants sense perdre la presència. Un clon de José Zaragoza, els dos *duros fajadores* de la Catalunya irreductible, dos pesos pesants, eternament disposats a barallar-se en el *ring* de la política. Inevitable pensament: és un home útil. Qui no voldria un Felip Puig a la seva vida, si la seva vida fos la política? Però no fóra aconsellable comprar-li un cotxe de segona mà.

Magda Oranich, cada dia més *alter ego* de Manuela de Madre, en versió nacional-convergent-culé-animalista. La Magda és com l'altra mare de Catalunya, una abraçada flonja, una presència acollidora. Sempre queda agradable tenir-la a les fotos. *Ell* la veu de lluny i la crida. *Vine, aquí al costat, surt amb mi al Telenotícies*...

Jordi Vilajoana, esdevingut *l'home de la festa* que explica aventis perquè el líder es relaxi. No se sap si també és bo fent massatges, però a *Ell* el massatgeja constantment, com un infatigable *personal trainer*, *vinga, que tu pots, ets fort, no hi ha ningú com tu*, i *Ell* l'escolta i s'anima a fer més abdominals, *vinga, que jo puc*... L'escolta o el relaxa. Interessant paper el d'en Jordi. L'home que va arribar al cim de la seva gestió com a conseller de la Generalitat, cercant el glamur català perdut, ara fa d'animador de la cort convergent. Feina complicada, en aquests temps amb tan poc sentit de l'humor.

I... David Madí... l'ariet..., a l'expectativa, ensumant la flaire de l'acte. Com un gos de presa...

Perdut entre presències distretes, Antoni Vives. Els periodistes apunten el seu nom, *hi és, ha vingut, quan donarà explicacions dels diners de Palau, no podia faltar... 'Està tocat'*, assegura un opinador amb estatus.

No ho sembla. En Vives és un gran desconegut, un tipus amb una complexitat intel·lectual ben poc usual en política. I —assevera Joaquim Palau— un escriptor de primera. Aleshores potser sí que està tocat... No hi ha res pitjor a Catalunya que ser brillant. Som un país caïnita.

Un doble de Denzel Washington, escudat per Àngel Colom, ofereix un llibre. *Ets en Denzel Washington.* El català perfecte que parla ho corrobora. Càlides abraçades de l'Àngel. Trontolla la mirada freda, i per uns instants deixo de ser qui mira... Pels replecs toscos del Palau, hem perdut complicitat, i ho notem sense dir-nos-ho. Ens estimem. Però recelem l'un de l'altra. La política catalana ho acaba embrutint tot.

Què pensa *Ell* de l'Àngel? Més endavant dirà que li té molta estima, però pot ser o no veritat, perquè sap perfectament que la destinatària del comentari no és neutral. Tanmateix, avui no hi ha escena de sofà. Senzillament l'ignora, com si no toqués tenir-ne gaire tracte... Dies dolents per a la lírica...

Hi ha uns budistes a la sala. Milloren el cromatisme de l'acte.

De sobte, la càmera inquieta de Xavier Rius cercant parelles compromeses per a la seva exitosa web. S'apropa. *Què fas?* Mirada conspirativa. Però la màgia dura el que dura la resposta. Un llibre. *Ah! Vull foto teva amb Ell.* L'aconsegueix. No se li pot negar res, al Xavier. És l'home més poderós del pa amb tomàquet català.

Enric Juliana, Francesc-Marc Àlvaro i Manel Cuyàs formen la tríada de la *intelligentzia* de l'acte. Tots tres, i el premiat de la nit, Josep Vicent Boira, que parla de la necessitat d'una Commonwealth catalano-valenciana. *Ell* recollirà el concepte quan faci el seu discurs, i mai ningú, a Catalunya, no haurà pronunciat el *wealth* amb un accent tan impecable, allargant la *thzzzzzz*. Li surt natural. No sembla que hi hagi cap intenció forçada, però és un *wealth* que faria estralls en boca del seu doble del *Polònia*. Un *wealth* de nen-primer-de-la-classe.

Commonwealthzzzzzzzzzzzz. La riquesa comuna. Li agrada la idea. La repetirà en altres ocasions.

I acaba l'acte amb en Juliana citant Jaume Balmes. Balmes?, En Juliana és de Badalona, i els de Badalona són així, citen Balmes en el lloc més estrany per citar Balmes, a la Trias Fargas, vinga, sense anestèsia, ni complexos, davant d'un públic que no entén perquè citen Balmes, ni l'ha llegit a la vida, ni sap si és prou convergent, però en Balmes compleix amb les tres ces correctes d'un acte com aquest, culte, català i cristià, queda bé, demà tots citaran Balmes. Llegiran *El Criterio*? Ni en Juliana aconsegueix miracles.

Ell coneix Balmes? No ho sembla. Ser el primer de la classe no implica llegir llibres, sinó acumular dades. I *Ell* sembla un bon disc dur, però no és un lletraferit. Decididament, no deu haver llegit mai Balmes.

Temps després dirà que li agrada molt llegir. El seu despatx conté molts llibres, diversos, dispersos, heterodoxos. En un racó, despenjat, descansa un vell conegut: *Israel, el somni i la tragèdia*, de Joan B. Culla. No sembla gaire remenat... Però tots ho asseguren: *És un devorador de lectura.* I David Madí afegirà, *la poesia és la seva passió. Com més dura és la situació, més poesia llegeix.* Caldrà esbrinar-ho.

En tornar a casa, a la ràdio del cotxe diuen que *Ell* ha comparat els atacs contra en Pujol, a l'època de Banca Catalana, amb els que pateix ara Convergència per l'afer Palau. Banca Catalana? No és cert. No n'ha parlat. Ha parlat d'en Pujol, del pal de paller, del previsible èxit electoral, dels atacs que pateix, s'ha comparat amb aquella època, però no ha dit res de Banca Catalana. Banca Catalana és una interpretació barroca dels periodistes. S'han inventat el titular. Al dia següent també hi serà a la premsa escrita. Ningú no el desmentirà. Així s'escriu, sovint, la crònica política catalana.

Al llit, al vol, una frase de l'acte, pronunciada com si fos una declaració de principis. *Nosaltres no demanem perdó...* Llàstima. Els aniria bé una mica d'humilitat.

MIGAS CON ARTÚ

Perduts en un racó de l'avinguda de Sant Ildefons, en ple cor del Cornellà montillesc, l'atzar regala uns moments inesperats de solitud, mentre els seus cerquen l'entrada del local. Ha quedat amb els de la *Peña del Dominó* per menjar *migas*, i està content, com un nen entremaliat colant-se a la festa dels adults. Avui demostrarà alguna cosa, o això creu, i ho repeteix, *ja ho veus, a menjar* migas*, aquí, a la Peña del Dominó,* territorio *Montilla!, jo faig coses d'aquestes, i no les dic, no ho sap la premsa, però les faig,* i mira expectant. Deu pensar que provoca sorpresa. O potser és una frase per *Ell* mateix, per demostrar-se alguna cosa. Coratge?

De sobte el temps es fa tou, com un rellotge de Dalí, i per uns instants, la conversa esdevé íntima, alliberada de formalismes. Parla de l'agenda que pateix des de fa anys, hores que s'encadenen dia a dia, setmana a setmana, mes a mes, sense respir. No hi ha caps de setmana, no hi ha dinars, no hi ha sopars, res no li pertany, perquè tot pertany a l'altre, al candidat, al personatge que ha abduït la seva vida.

La primera pregunta arriba, natural. No serà la primera vegada que es formularà, però serà la primera de moltes, en què no hi haurà resposta: *Val la pena? Tot això, val la pena?*

Calla, i mentre ho fa, mira enllà, com si estigués contemplant el cim de la Pica d'Estats, després d'una feixuga ascensió, però no. El que està contemplant és l'avinguda de Sant Ildefons de Cornellà, i aquest és un cim que li resulta molt més inexpugnable. Dinou anys de govern Montilla, nucli dur del socialisme, poc oxigen per a un candidat convergent, s'hi ofegarà? El criden. Han trobat la porta del local on ens esperen les magnífiques *migas* de don Antonio. Fa via. Davant seu, el bar on els Estopa es troben amb els amics, *míralo, ese bar de ahí, desde chavales que los vemos.*

Se me nublan los ojos
Se me envenenan los pensamientos
Pensabas que vivía
Dentro de un cuento con argumentos
Pensabas que sentía
Lo que yo siento siempre por dentro.

Què sent *Ell* per dintre?

Artú dijo que vendría y ha venido, i entra a saludar les senyores que han cuinat les *migas*. Promesa complerta, tres anys després.

La meva dona té arrels a Sòria, i allà hi mengen migas, diu, i rediu, i ho torna a dir, com si les arrels sorianes de l'Helena li donessin pedigrí, li atorguessin un plus per ser allà, i apaivaguessin l'aire una mica alienígena que l'acompanya. Per reblar el clau, parla també del seu barber, *Juan Fernández Fernández, de Caniles, provincia de Granada,* i el nom d'aquest bon senyor que talla les barbes a l'home que vol ser president de la Generalitat i ara és a punt de menjar *migas*, triomfa per uns instants al bell mig del regne de don Antonio. Què ho fa que tothom perpetra aquest ritual provincià i una mica infantil d'anomenar els parents i amics nascuts en terres castellanes quan s'està entre els *altres* catalans?

Don Antonio és llest i enèrgic i domina el seu espai amb l'autoritat que dóna el respecte llargament covat. *Siempre me han elegido presidente de la Coordinadora* —presideix 13 entitats—, *sin ningún voto en contra. Ya ves Artú, sin ninguno en contra.* Somriu: *Això és guanyar. Tendré que poner pupitre y aprender,* respon en perfecte català bilingüe. Interessant aquest punt, el tema de l'idioma. Com el resoldrà? Es mantindrà en català, passarà al castellà, farà malabarismes, anirà canviant segons les circumstàncies? Fa de tot, puja, baixa, gira la llengua, torna, i acaba aconseguint un notable Dragon Khan lingüístic. Ho fa de natural, això de barrejar els dos idiomes? O ho fa perquè té present que hi ha una intrusa que l'escodrinya, i parlar només en castellà quedaria malament? I així va fent, bo i passant d'un idioma a l'altre, incòmode en tots dos; en català, perquè està fora de lloc, en castellà, perquè el que està fora de lloc és *Ell.* El seu màxim contrincant polític té el mateix problema, però a l'inrevés, amb l'afegit que Montilla encara trepitja considerablement el català. *Ell* té un castellà impecable i tanmateix..., sona fals quan l'usa aquí. Com impostat.

Reflexió personal: aquest doble món no sempre està barrejat, però conviu bé. Candel i Porcel... Catalunya. Tots dos, per cert, ja desapareguts... Difícil no preguntar-s'ho: També està desapareixent la Catalunya que representaven?

De sobte, una descoberta interessant: *Ell*, l'home impecable i contingut, xicot de refinada educació, *Lycée Français —parles francès? Algun dia tu i jo tindrem una conversa en francès*, sona a amenaça—, *Ell...* diu paraulotes! I un notable *¡coño!*

culmina una llarga explicació sobre immigració, llengua i convivència. Abans, don Antonio li ha donat alguns consells savis, *si llegas a presidente, que creo que llegarás, pon un buen equipo detrás de ti.* I *Ell* li regala una mena de metàfora que, presumiblement, tenia la intenció de ser una broma. Amb poc èxit, em temo. *Al dominó es juga a les parelles i jo estic molt acostumat a jugar amb parelles, però volem guanyar al trio...*, i el dinar avança amb tal excés de carns i embotits que sembla l'últim sopar. Les *migas*, no cal dir-ho, eren l'aperitiu.

Algunes impressions d'aquesta trobada amb la *Peña del Dominó*. La primera, que el territori Montilla està molt fart del tripartit; tant, que és la primera directa que li etziben, només tenir-lo a prop. La sociovergència triomfa al carrer on els Estopa van fer les primeres passes. *Montilla sí, pero el Saura y el Caró, ni hablar, un desastre pal país.* I li pregunten si és possible l'entesa amb en Pepe, *que a Pepe no lo tocamos, ¡eh!*, però els altres ni parlar-ne.

És de témer que, tot i els seus esforços, barber andalús i parents sorians de l'Helena inclosos, aquesta part del món s'inclina per la banda socialista de la sociovergència. Haurà d'anar a pescar a d'altres mars, per aconseguir bona pesca. Però, mentrestant, s'esforça per explicar que *Ell* no té problemes amb els pactes, que ja ho va intentar quan va guanyar les eleccions, que no se'n va sortir, que de moment la seva prioritat és que el tripartit no sumi —*eso, eso, que no sume*, se sent a cor—, que... Li cau bé a don Antonio. El tracta amb paternalisme, com si necessités empenta per anar pel món. Don Antonio és un autèntic patriarca, el patriarca del barri de Sant Ildefons. I, com a tal patriarca, l'aconsella de nou, *la sociovergencia, eso necesita Cataluña.*

La segona impressió —ja prou intuïda— és que l'anticatalanisme ha fet forat (a la inversa) en territoris com el de la *Peña del Dominó*, i li ho fan saber amb nítida indignació. Estan farts d'anar de vacances al poble i haver d'escoltar barbaritats sobre els catalans. I aleshores es produeix un moment màgic per a *Ell*, un moment que paladejarà sovint, *te'n recordes, allà a la Peña del Dominó quan don Antonio*... Don Antonio parla de l'espoliació fiscal amb tal rotunditat que sembla la versió cornellanenca d'Àngel Colom quan començava a denunciar el greuge econòmic català. *Si somos los que más damos, ¿por qué no recibimos más? Nos roban, esa es la verdad, toda la verdad y nada más que la verdad*. I aleshores *Ell* comença un llarg i feixuc relat sobre la maldat de l'espoli fiscal, però és un relat prefabricat, avorrit i, sobretot, innecessari. Don Antonio ja ho havia dit tot.

La tercera impressió, *Ell*. No sap moure's amb desimboltura en un lloc com aquest. Es passa l'estona sense llevar-se de la cadira, només respon quan li pregunten, no pren la iniciativa, és com un convidat educat i alhora petri. Gairebé inevitable abandonar la invisibilitat i conspirar una mica. *Feu-li preguntes incòmodes*. Quina estranya correcció al voltant d'unes *migas*! Una mica d'enrenou! En Pujol i en Maragall ja haurien fet saltar les botifarres dels plats. *Ell*, al màxim que arriba és a remenar les olives. Més endavant, la comprovació que la desimboltura no és una de les seves característiques en gairebé cap escenari d'aquesta mena, sovint massa hieràtic, massa enravenat, massa candidat... Pretensió o timidesa? La falta de desimboltura se li nota especialment quan té la impressió que ha de demostrar alguna cosa. Com avui, per exemple. De fet, sempre ha de demostrar alguna cosa, eternament hiperresponsabilitzat. Manllevant Manuela de Madre, tampoc *Ell* no és *la alegría de la huerta*. *Tinc molt sentit de l'humor, ja el descobriràs*. Segur?

Avui l'acompanyen regidors de la zona. Francesc Molina, per exemple, l'únic que no gira la llengua en cap moment. Parla un català una mica impostat, estrany al barri de Sant Ildefons, però no sembla que això incomodi ningú. El respecten. També l'acompanya Meritxell Borràs, delerosa de ser la primera de la classe, més preocupada d'impressionar-lo a *Ell* que no pas de seduir els altres. Sembla que no ho aconsegueix. Recorda el motoret dels gats quan anhelen una carícia.

Darrera repassada. Vesteix fatal, per anar a menjar *migas*. Porta el trajo d'anar a encoratjar militants convergents de comarques.

Surt.

Llega el momento me piro
Al filo de la mañana, ¡qué frío!
Que no me he puesto el sayo
Pero me he puesto como un rayo
Me siento como un esperma esperando
En un tubo de ensayo
Congelado pero vivo...

LLEGENDES URBANES: PRIMER APUNT

No sap fer res sol.

Sobre el seguici que l'acompanya. Ningú del pinyol. No només avui, amb les *migas*, sinó en els actes que vindran. Mai no l'acompanyen. Va lleuger d'equipatge a les trobades, als dinars, als actes. I així, de la mà de la seva solitud, només matisada per alguns militants locals, anirà desmuntant-se una de les llegendes urbanes que el persegueixen. No només no és cert que no sàpiga fer res sense el nucli dur dels seus col·laboradors, sinó que és ben bé al contrari. Aquest home és un autèntic *self made man*, s'ho prepara tot ell, s'ho treballa, no consulta gaire, no mira diaris, res és el que semblava...

A vegades, fins i tot, impressiona la seva solitud.

Sobre el tema, Francesc Homs dirà, *Artur Mas ha patit el menyspreu intel·lectual més bèstia que ha patit mai un polític català.*

DE MADRID AL CIELO...

Dies de plagues bíbliques... Primer en Millet i la Trias Fargas. Ara la detenció de Lluís Prenafeta i Macià Alavedra, amb la *pena del Telediario* incrustada a la retina de la gent. Tot i que, en aquest cas, també hi ha la detenció d'un notable socialista, en Bartu de Santa Coloma de Gramenet, membre del nucli dur del socialisme català, amic personal dels Montilla i els Zaragoza. Sens dubte, el nom de Bartomeu Muñoz a la llista de detinguts dóna una mica d'oxigen als convergents. Si la merda està repartida, fa menys pudor...

Però a *Ell* li toca ballar amb els seus. Curiositat morbosa per veure quina cara farà, com ho està vivint, si encara n'és gaire amic, sobretot d'en Prenafeta. Més endavant parlarà moltes vegades de la seva època com a directiu empresarial, de la seva experiència, *sé què representa pagar nòmines a fi de mes*, però mai no dirà que va ser a Tipel, i que era una empresa de la família Prenafeta. Amnèsia?

Cap a Madrid, amb el TGV. Ha de fer una conferència a l'Hotel Villamagna, en un fòrum empresarial. Novament, i com serà usual, es desplaça amb la mínima companyia possible: l'Helena i el mosso. Les expectatives de conversa són altes. Parlarà del prenafetisme, d'aquell sector anomenat *sector negocis* que presumptament n'ha fet tants, de negocis, que ara està sota les urpes del jutge Garzón? Prenafeta sempre va ser la cara fosca de la lluna pujolista, i la llegenda política el situa a *Ell* dins d'aquesta mateixa òrbita, més fill putatiu del propi Prenafeta, que d'en Pujol.

No. No en parlarà. Treballa en el seu discurs durant el trajecte del TGV i quan finalment iniciarà la conversa, serà amb l'Helena i serà sobre la vida, la família, els neguits... A les prèvies apareix l'ombra d'en Pujol, que demà li trepitjarà el protagonisme. Parla pel mòbil amb el Molt Honorable, que és a Marràqueix, i després la pregunta adreçada té la mala intenció pertinent: *Demà, que havies de triomfar a Madrid, en Pujol serà als* Desayunos de la 1. *T'ha ben fotut. El primer dia que parlarà d'en Prenafeta i d'en Macià.... Et robarà el titular.* Per afegir, *ja el teniu ben controlat?* Pregunta retòrica. Ningú no controla Jordi Pujol, la qual cosa els crea notables maldecaps. Tot i que, temps després, en les moltes converses amb destacats membres del seu equip, tots elogiaran l'esforç que fa en Pujol per no complicar les coses al nou líder de Convergència. El propi Pujol dirà, *la primera obligació d'un expresident és no fer nosa.*

Però a vegades en fa. Com el dia abans de la detenció dels Pretòria —quina punteria!—, quan en Pujol va deixar anar una bomba de temps (fètida) al programa *Àgora* de TV3. La cita exacta és prou clarificadora:

Si entrem aquí ens podem fer molt de mal. Jo aleshores tindria una resposta fàcil, aquest va donar tant a tal, aquest altre tant a tal... Tots els casos són diferents, si vostè vol, però tots faríem una mica de pudor. No entrem en aquest tema. Atenció, si és precís entrar-hi, entrem-hi; però jo crec que no hi he d'entrar, però si hi hagués d'entrar personal-

ment, també ho faria. Vénen ganes d'etzibar-li al Molt Honorable: Doncs entrin-hi d'una punyetera vegada! Tanta amenaça i tanta insinuació, i tant de misteri fatxenda! No només s'expressa en termes amenaçants. Ho fa des de la convicció de la impunitat.

A vegades —moltes—, el pa amb tomàquet català fa força fàstic.

De sobte, el record impertinent d'una frase llegida al llibre de Yasmina Reza sobre Nicolas Sarkozy, versió castellana: *La política es un oficio de gilipollas para gente inteligente.* Com traduiríem *gilipollas*? Carallot? Queda mongívol. Decididament, el català no és un bon idioma per a l'insult.

No se sap si és un ofici per a gent intel·ligent. Però sovint sembla, certament, un ofici *gilipollas*.

Sobre en Pujol, anirà deixant caure una bona dosi de mitges frases, generalment pronunciades amb incomoditat. És difícil endevinar quina serà la conclusió sobre el seu pensament respecte en Pujol, al final del llibre, però si s'acabés aquí el trajecte, la llegenda es confirmaria: aquests dos no es tenen gaire simpatia. Si més no, *Ell* en parla amb una distància desangelada, a vegades críptica, a vegades evident. Com si fos una d'aquelles crosses que ajuden a caminar tant... com fan caure. Res no seria estrany. Si alguna cosa incomoda Jordi Pujol és haver de compartir el protagonisme, i no cal dir el lideratge. Miquel Roca sempre deia que amb Narcís Serra eren amics, però que amb en Pujol i les parelles mai no havien fet un cafè un dissabte a la tarda... *Ell* no és en Roca, però res no fa creure que sigui amic d'en Pujol. De fet, i torna a ser una pregunta gairebé retòrica, en té, d'amics, en Pujol? I, especialment, podria ser amic d'algú que l'ha substituït, a contracor, perquè ja tocava, perquè és així d'implacable la biologia, perquè algun dia s'havia d'acabar? Ho va dir en Napoleó, que en sabia molt: *L'ambició mai no es deté, ni tan sols en el cim de la grandesa.* I no hem tingut a Catalunya res més semblant a un líder francès que en Pujol. El Rei Sol..., si no fos perquè aquest títol l'ostenta, per mèrits adquirits, Joan Puigcercós.

El dia obliga la pregunta. *En Pujol està molt afectat per la detenció d'en Macià i en Prenafeta?* Resposta sorprenent. *Hummmm... No tant!*

En algun moment, la lògica felicitació per les enquestes que han sortit als diaris. Surt guanyador a totes. *Sí..., però falta un any!* I aquesta frase l'anirà repetint amb cada felicitació, amb cada comentari optimista, amb cada copet a l'esquena que rebi dels seus. *Sí..., però falta un any!* Gat escaldat, de l'aigua tèbia en fuig.

A la nit, a l'hotel de Madrid —correcte, sense estridències, molt convergent, triat per en Vilajoana, que l'ha anat a esperar amatent—, la dualitat entre *Ell* i la seva màscara resulta una idea pesant. El que pensa d'en Prenafeta encara no està a l'abast, i possiblement no ho estigui mai. De moment, frases buides, llocs comuns, comentari-format-nota-de-premsa: *Només són militants del partit, notables en el passat, és cert, però fa anys que no fan res per Convergència, tant d'escàndol amb nosaltres, no és el nostre problema, ens pot afectar com a amics, però és un assumpte privat, no polític...* i bla, bla, bla. I una frase agafada al vol, gairebé sense vocació de ser pronunciada. *En Macià imposava molt, quan l'anaves a veure.* Res més. Mala idea fer-li parlar d'allò que no vol parlar. Aquest home està en campanya electoral permanent, i la sinceritat no sempre és un valor polític. De fet, és un defecte.

Però hi haurà un dia, més endavant, en què el defensarà amb vehemència. Serà quan la pregunta, en la tranquil·litat d'un sopar de parelles, vagi directament a la jugular. *Ets un home d'en Prenafeta, i en Prenafeta ha estat la part fosca del Govern.* La resposta d'ell serà intensa i sorprenent...

Tanmateix, si en Prenafeta no triomfa al TGV, sí que ho fa la seva dona, Helena Rakosnik. Una feliç descoberta. Amb ella caurà un dels tòpics més injustos que persegueixen el seu marit i, globalment, la seva família. Però caldran més trobades per tenir-ne la certesa. De moment és una primera aproximació, una conversa càlida, dotada d'una inesperada naturalitat, com si li haguessin tret la corbata a la llengua. Asseguts junts, allà, en aquell tren que avança veloç cap a Madrid, amb la mà de l'Helena acaronant la seva, com si el protegís, com si es protegissin..., apareix una sorprenent evidència: la seva fragilitat. Van junts, respiren una complicitat estreta, sòlida, una estima profunda, un teixit sentimental tupit. I aleshores, durant una estona, no hi ha màscares, no hi ha impostacions, no hi ha recels, hi ha un home que lluita per un somni, i una dona que l'acompanya per la vida. Amb les pors dels homes ordinaris, amb els neguits dels homes ordinaris, amb l'abisme a prop dels peus, de tots els homes ordinaris.

Hacen falta sueños para aferrarse a la realidad, canta Ricardo Arjona en una de les seves precioses cançons, i el record d'aquesta idea acompanya la mirada que ara observa, amb delit, l'escena. A vegades, els líders baixen a la terra...

De la conversa amb tots dos, en sorgiran algunes de les claus per entendre la seva personalitat. Per exemple, la solidesa emotiva que li permet dedicar tota la seva vida a la cursa presidencial. Un dia li ho preguntarà la senyora Montserrat Lunes, en una curiosa entrevista a la televisió de Sant Vicenç dels Horts: *De què li ve, això de la política?* I ell no vendrà cap ciri gros; no dirà, com el seu homòleg Carod-Rovira, o el seu (precipitat?) referent Barack Obama, que ja sabien que volien salvar la humanitat quan tenien vuit anys, que els ve de sempre, que la vocació de dedicar-se als altres..., tota la retòrica coneguda del populisme simple. O el símptoma evident de l'egocentrisme desacomplexat. No hi ha dubte que la política és el bàlsam dels vanitosos. Però *Ell* no sembla el cas Carod. Respon sense camuflatges i fins i tot amb una certa humilitat: *No vaig tenir cap vocació de jove. De fet, mai no em vaig imaginar dins de la política. Va anar venint, m'hi vaig anar trobant, em vaig anar embolicant i, quan vaig adonar-me'n, hi estava ben ficat. Ja no veia com sortir-me'n.* I l'entrevista continuarà sucosa, sorprenentment eficaç, especialment interessant quan parli del que significa picar pedra a l'oposició... La bibliotecària Montse Lunes, periodista *amateur* a estones lliures, li haurà tret més claus de la seva personalitat política que molts dels grans gurús del periodisme. La humilitat de les televisions locals amaga, sovint, molta grandesa.

Si no ho somiava de petit. Si no estava *tocat* per la vareta il·luminada de la vocació salvadora, si no era en Carod, comandant els almogàvers quan tenia vuit anys, mentre els vulgars terrícoles jugaven a pilota, si només és un simple mortal, aleshores, com aguanta el ritme, la pressió, els atacs, la distorsió de la seva persona, la dedicació absoluta a una vida que li abdueix tota la seva vida?

Sens dubte, perquè l'ambició és un poderós estimulant, per molt que *Ell* en digui *responsabilitat*.

Però també, i sobretot (o això sembla), perquè l'Helena és al seu costat. Ho deixa clar a la primera pregunta: no és una màrtir. No és la previsible senyora que roman a casa i mastega el seu abandonament *—un polític no té família, però ho fa veure*, havia dit una primera dama temps enllà—, o que assumeix el rol amb un *ves què hi hem de fer*. No. S'hi implica amb entusiasme, li diverteix el ritme, està a l'aguait, sent que hi forma part directa, no com una bossa que penja del braç del líder, sinó com un element decisiu d'una empresa de vida, que percep conjunta. *Aquestes agendes..., sense caps de setmana, sense sopars, ni dinars, sense gairebé vida... com ho portes?* I respondrà amb una naturalitat que imposa, com si la pregunta fos una impertinència. *Em diverteix sortir, conèixer i parlar amb gent tan diferent. M'agrada acompanyar-lo quan puc, és una sort tenir una vida tan plena.* La previsió —o l'estereotip— esperava una resposta més torturada, però aquesta dona que podria ser, en pocs mesos, la primera dama de Catalunya, no té cap intenció de mostrar-se com una víctima, ni se sacrifica a l'altar del bé públic. Senzillament, treu partit de la complicada vida que té. *Ho positivitzo*. Més tard demostrarà, però, que no tot ho porta tan bé, menys cuirassada que *Ell* davant els atacs i el joc brut. Uns atacs que l'Helena no interpreta com a propis de la política, sinó com un intent permanent de linxar el seu marit.

Molta gent?, pregunta al seu infatigable (i curiós personatge, dotat d'una simpàtica sornegueria que amaga en públic) cap de protocol, Àlex Mañé, just abans d'entrar per l'ostentosa porta de l'Hotel Villamagna de Madrid. *Ple, ben ple*, li diu tranquil·litzador. Falten pocs minuts per les deu del matí, i l'esperen alguns vips, companys de partit, un bon grapat d'empresaris de la *Villa y Corte* i un estol considerable de periodistes. El ritual conegut de les conferències de polítics, generalment empalagós i gairebé sempre previsible. La nit anterior haurà sopat amb en Vilajoana i la seva dona, prop de l'hotel, a la plaça Santa Ana. Setmanes més tard dirà, *amics, amics, dels de sortir a fora i anar de viatge, no en tinc del partit. Només en Vilajoana i algú més. Tinc molts amics, però són de l'època d'Aula, de la universitat, algun de l'època de l'Ajuntament, molts de Vilassar, i d'altres que he anat fent. Amb el partit agafo distància. No oblidis que he de prendre decisions que afecten persones i no seria bo barrejar les coses.* I quan ho digui, afegirà l'agraïment que té als companys, la gent que sempre ha estat amb ell, l'estima, però..., *amics, amics, dels de sortir a fora...* Certament, les decisions que ha de prendre un líder polític, en l'exercici del poder, sovint tenen a veure amb la guillotina. I si és veritat allò que algú va dir, que *un amic és la persona amb qui pots pensar en veu alta*, cal inferir que Jordi Vilajoana és l'únic home de CDC que coneix els pensaments que amaga. L'únic que escolta la veu alta. En conseqüència, una llaminera font d'informació... *En Madí? En Madí no forma part d'aquest cercle. Tot i que no m'importaria, però, potser l'edat...*

Temps més tard, Felip Puig lamentarà aquest fet, i el lament semblarà sincer. *M'ha costat, això de no ser amic seu. Jo sóc de crear complicitats, de trobar-me amb la gent a fer el pa amb tomàquet, d'anar més enllà. Ell no és així. No és antipàtic, però és adust, i tímid, i té una desconfiança relacional que afecta tot l'entorn. Pensa que l'endemà del 2003 ens vam quedar sols. Nosaltres, el nostre èxit i la derrota de no governar. Constatar que hi havia una estreta complicitat política, però res més, és difícil...*

Un dia, quan ja l'hauran proclamat candidat a la presidència, en un solemne acte a Sant Benet de Bages, Jordi Pujol protagonitzarà una improvisada i saborosa escena de sofà. *Pilar, l'Artur em preocupa. És un home amb massa vida interior, i amb molta religiositat. Has vist això que ha dit de la regla de Sant Benet? Qui hauria parlat de la regla de Sant Benet en un acte com aquest? Ep, que jo vaig tenir la meva època espiritual, però no és el mateix, ja m'entens, no així, aquí, en públic. I, a més... compleix les promeses! T'ho imagines? En política no es poden complir totes les promeses, ja m'entens, no sempre es pot, s'han de prendre decisions difícils, no es pot tenir tothom content. Les promeses? No sempre són importants. Però Ell? Ell és Aula, i els d'Aula són així, gent que compleix les promeses.* I explica una anècdota personal, el dia que feien unes llistes electorals. *Aquest treu-lo, no t'aporta res. Per què el mantens?* El mantenia perquè li ho havia promès. I en Pujol desgranava la seva (sincera) estupefacció. Quants caps tallats pel Molt Honorable, després de veure's investits, devien estar remugant en aquell precís moment! *I què, si l'hi havia promès! No li aportava res a les llistes... Aquest home em fa patir...* Tanmateix, aquest retret i d'altres que vindrien haurien pogut semblar una conversa de crítica frontal, si la mirada hagués estat desprevinguda. Però Jordi Pujol és una vella coneixença i no enganya fàcilment. No eren retrets. Era instint de protecció. Amb el seu inescrutable estil deia, *cuida'l, és de veritat.* És a dir, és vulnerable. Potser no són amics, potser no parlen sovint, potser recelen mútuament, però Pujol li té afecte de veritat. Òbviament, a la seva complicada i barroca manera. La comprovació reiterada d'aquest fet farà caure un altre tòpic.

Temps després *Ell* dirà, en la intimitat d'una conversa privada a dues bandes. *Prometo molt poques coses, molt poques vegades i a molt poca gent. Perquè si ho faig, compleixo...* Va ser per aquesta actitud personal, que un dia va anar al notari? La resposta serà, quan en parli, directa, dolguda i (sembla) sincera.

I entra al Villamagna. El reben els sospitosos habituals: Maldonados (amb la cara de *ep, sóc aquí, he vingut! No faig gran cosa més, a banda d'apuntar-me a totes les corredisses del Barça*), Jordis Casas (cantant d'havaneres i, diuen algunes llengües, diputat a estones lliures per Unió Democràtica), Peres Macias i alguns diputats més, tots complidors disciplinats del *pasamanos* pertinent. D'entre tots brilla Mercè Pigem, magnífica advocada i diputada rigorosa, que deu ser gairebé l'única a la sala que no ha vingut per ser vista i perquè la vegi *Ell*, sinó perquè forma part de les obligacions del seu càrrec. Per això mateix, és l'única que no perd l'oremus bo i intentant rebre la benedicció del líder. A les portes del Villamagna també l'espera Xavier Trias, que s'ha desplaçat expressament. Relació particular, la d'ells dos, bona però, en certa manera, enigmàtica. Propera i distant. Directa i alhora freda. Tal vegada hi té alguna cosa a veure que *Ell* va fracassar reiteradament en el desig de guanyar l'alcaldia de Barcelona i en Xavier és a prop d'aconseguir-la. O potser no. Els molts actes que faran junts, aportaran algunes claus clarificadores. Temps més tard i a la pregunta *amic?*, dirà: *Magnífic i estret col·laborador.*

Madrid l'espera. I, com no pot ser altrament, li obre la porta de la capital del regne un efusiu, càlid i solemne José Bono, que l'acull com si fos l'ambaixador de l'hotel, o de la ciutat, o del país, o del món sencer, o encara més, com si fos l'ambaixador intergalàctic de la *Guerra de les Galàxies*. Bono està tan posat en el seu càrrec que hom li demanaria permís per entrar a la pròpia casa, si el trobés a la porta. I ell l'hi donaria!!!! Del bracet de Bono, amb en Trias d'escuder, entra a la plaça a torejar el brau madrileny, en plena tempesta Pretòria. El dia abans, al TGV, haurà sentit pregunta i resposta en un sol paquet: *Parlaràs del tema Pretòria? Has de començar per aquí. Si no ho fas, semblaràs ex-*

traterrestre. Només saludar al públic, dirà: *Si hoy no empezara mi conferencia hablando del caso Pretoria, parecería un extraterrestre.* Glups! A banda de llengua, aquest home té orelles. I amb el toro agafat per les banyes, comença el discurs.

Esplèndid. Està en el lloc precís per mostrar les seves millors armes dialèctiques. Aquí el seu castellà no sembla impostat, sinó professional, i el discurs davant el món empresarial madrileny és consistent, compromès i a estones brillant. El millor que pronunciarà en temps. No deixa cap filada sense puntada, planteja els temes més punyents, s'arrisca amb algunes solucions políticament incorrectes i, quan toca la qüestió catalana, no mostra signes de doble discurs. Algunes idees soltes que, pronunciades en l'escenari barroc i imponent del Villamagna, tenen un valor afegit:

> *CiU no va a volver, aspira a llegar.*
>
> *Por muy favorables que soplen los vientos, si el gobernante no sabe navegar, no los sabe usar. Y España no tiene ni rumbo, ni capitán.*
>
> *Es un escándalo lo que ocurre con el Estatut. Se está incumpliendo de forma flagrante.*
>
> *No nos mueven, sólo, razones catalanas. También razones generales. Por ejemplo, si hubiéramos sido decisivos, habríamos evitado la subida de los impuestos.*
>
> *¿No es hora de reformar el mercado? Estamos a un año de las elecciones y a mí me aconsejan 'no te metas', pero hay que meterse.*

Vamos dando tumbos con la reforma energética. En España no existe ningún debate serio al respecto.

¡Ley contra la morosidad, ya!

Cataluña no es una ciénaga, ni un estercolero. Pero ha perdido sus referentes, y ha pasado a ser una más de la tropa. Para superar la crisis que padece, debe recuperar el prestigio. Porque UNA PARTE DE LA IDENTIDAD CATALANA ES HACER BIEN LAS COSAS.

Aquesta darrera idea no és una més del discurs. La repetirà sovint i, en converses privades, demostrarà que la considera cabdal. Un dia escoltarà l'anècdota que va viure qui l'interpel·la, quan era una simple i moguda estudiant universitària, a les acaballes del franquisme. *Vaig anar a veure Josep Benet. Era un mestre, un referent de la lluita per les llibertats catalanes. I demanar-li consell era gairebé com una peregrinació salvadora. Senyor Benet, vaig preguntar-li emfàticament i ingènua: Què hem de fer per ajudar Catalunya? I l'historiador va dir-me, pacient: 'Pilar, et donaré tres consells per servir la nostra pàtria. Primer, estudia. Segon, estudia. I finalment, estudia. Preparar grans quadres per quan siguem lliures és salvar Catalunya'*. En acabar l'anècdota *Ell* dirà: *Exactament això. La identitat catalana és la lluita per l'excel·lència.*

Però a Madrid la paraula *excel·lència* no és pronunciada. *Hacer bien las cosas*, resulta una expressió més apropiada... *Como no leo los discursos, perdónenme, uso expresiones populares.* I, finalment, la reflexió exigible, en plena desafecció política, amb els Millets i els Pretòries bo i decorant la sala de les vergonyes: *Desde la política, debemos regenerar la política*... Com? Té cinc idees:

1. Acabar amb la sacralització de la política. *El poder no es un tema de vida o muerte.* Què vol dir? Que desaprova que Jordi Pujol estigués 23 anys en el poder català? O que no li sembla bé que hi hagi alcaldes, molts dels seus, que portin tota la democràcia al poder? Que quan *Ell* hi arribi només s'hi estarà vuit anys? No dóna pistes al respecte.

2. Decadència. *Tenemos que acabar con la falta de liderazgo político y con la falta de autoridad moral.* Com? Tampoc no dóna pistes.

3. *Buscar sólo el titular espectacular, tampoco ayuda al rigor político.* N'ha parlat, d'això, amb David Madí?

4. *Tampoco ayuda que los ciudadanos exijan el máximo a los políticos, y después practiquen una gran indulgencia con ellos mismos.* Temps més tard, al seu despatx, després d'assegurar que contesta personalment els *mails* que rep —*tots, encara que no s'ho cregui ningú. Òbviament em fan una primera lectura i m'indiquen per on pot anar la resposta, però al final sóc jo qui respon*—, mostrarà el d'un ciutadà que l'increpa amb males maneres. La crítica previsible: estan a la política per fer-se rics, tots són uns xoriços, jo també vull un lloc a la llista, per viure de renda tota la vida... Mostrarà la seva resposta, amb una barreja d'orgull i de ràbia: *Quan vulgui podem parlar del seu lloc a les llistes. Està disposat que li diguin xoriço cada dia, que l'ataquin per totes bandes, a dedicar totes les hores del dia i moltes de la nit, i tots els dies de la setmana a la política, a guanyar menys que en l'àmbit privat, que la seva família pateixi pels atacs injustos contra la seva persona i a estar sota el microscopi permanent...? Si hi està disposat, parlem-ne. Digui'm on puc anar a veure'l, i li asseguro que vindré.* El (sorprès i espantat?) ciutadà no li va donar mai hora...

5. Assignatura pendent del finançament dels partits. Finalment, aquí té algunes pistes per oferir: penjar-los dels pressupostos; fer-los més atractius a la societat civil, més oberts, que no sigui un sistema sectari. *Ahora te castigan socialmente si aportas algo a un partido, porque te has significado.* És a dir: *APORTACIONES NOMINATIVAS NO REPRESALIADAS*... Nominatiu i no represaliat? On? A Espanya? Potser sí que té sentit de l'humor.

Al debat final, quan algú li etzibi la idea del *pacte de silenci* PSC-CiU en matèria de corrupció, i li recordi el 3 % d'en Maragall, es mostrarà frontal i fins i tot insolent: Tot un any amb la fiscalia anticorrupció a sobre de CiU, fiscalitzant els comptes d'anys de govern, i no han trobat res. *¡Un poco de respeto!* I després parlarà de pactes, *no seré presidente a través de pactos oscuros,* concert econòmic, socis poc fiables...

Sobre l'impost de successions, una frase ocurrent: *Es un castigo al ahorro. Se premia al que se lo ha pulido todo.*

Quan surti per la porta de l'Hotel Villamagna, a mig matí, ja sabrà què ha dit en Pujol sobre en Prenafeta i en Macià als *Desayunos de La 1.* Cap foc descontrolat. Amics..., presumpció d'innocència..., *pena del Telediario*... En Pujol ha fet els deures. Alleujament general.

De retorn a Barcelona, després d'acomiadar-lo i al bell mig de la caòtica barreja d'impressions del viatge, una certesa: la percepció de la mirada ha canviat d'alguna manera. I no per l'habilitat que ha tingut *Ell* davant l'empresariat madrileny. Ni per la força que ha mostrat quan ha parlat dels temes més espinosos. Ni per com ha encarat la qüestió de la corrupció. I en tots tres casos ha estat decidit, convincent i en algun moment brillant. Però res de tot això dóna claus de la seva personalitat, més enllà de veure'l més solt i més posat en el seu paper de presidenciable. Més candidat. Però no. Ha estat la conversa a tres bandes, amb *Ell* i l'Helena..., les malalties familiars que el ronden des de petit, el seu paper com a pare i com a fill, el càncer de la dona... Poca gent sap que no es va perdre mai cap sessió de radioteràpia, *no m'ho hauria perdonat*, dirà: *Què significa el poder, si no tens el poder de ser amb els teus quan et necessiten?* Totes les sessions de ràdio, totes? *Totes, excepte alguna molt puntual. Hi ha coses amb què no es juga.* Moltes setmanes més tard, en Pujol dirà, *no es perd les cites amb els metges, ni les sessions de la dona, i visita els membres malalts de la família a tothora. Jo... jo no he estat un bon fill, i això que un president té més temps, ja m'entens, però no anava a visitar gaire sovint la mare. Però Ell... visita el pare i la germana i acompanya la dona al metge... I no té temps... Ho veus com aquest home fa patir?*

Què ha canviat en la percepció de la mirada? Potser la imatge hieràtica, prefabricada, robòtica. Sota la màscara, apareix una inesperada tendresa. Encara és aviat per saber si tot plegat és un miratge, però alguna idea preestablerta s'està desfent. Com si una calidesa emotiva bategués sota l'home de gel. En el curs d'una calçotada posterior amb amics de diversos colors polítics, sortirà el tema del llibre. *Com et va amb l'Artur?* I en enfilar la resposta, una abrandada socialista deixarà anar una frase fulminant: *Diguis el que diguis, ens anirà fatal que facis aquest llibre. Perquè s'humanitzarà. I el que necessitem és el madelman, un robot titella, i no un tio que sigui humà. En Mas no és càlid i si ho és, no ens podem permetre que ho sigui.*

Sempre és d'agrair el cinisme sincer i desacomplexat.

Winston Churchill va dir:

In war, you can only be killed once, but in politics, many times.

La política, més perillosa que la guerra... perquè en la guerra només es pot morir un cop...

PARÈNTESI

S'estreny la confiança. I, alhora, es mantenen les regles del joc, que obliguen a la distància. Difícil equilibri.

SÓC AQUELL QUE GUANYA ELECCIONS I NO GOVERNA

Sense jaqueta, ni corbata. Dinàmic i, per primera vegada, obertament rialler, com alliberat de l'excessiva formalitat que sempre l'engavanya. Els de la Fundació CatDem (nom substitutiu de la Trias Fargas) han reunit un bon grapat de joves i tot sembla indicar que la tarda serà previsible, amb els cadells convergents bavejant la sort de tocar cuixa de líder. Inevitable pensar en com s'assemblen tots aquests actes, el polític de torn amb aires d'haver recuperat la joventut perduda, ritual de complicitat, roba *casual*, tuteig, uns *bocates*, suficiència controlada, paternalisme... La crònica podria escriure's abans de ser presenciada. Ritual molt suat.

Molt suat... o no, perquè la trobada amaga sorpreses. I és així com, en una tarda inesperada, en ple tsunami de Palaus i Pretòries, els joves se li abraonen amb inusitada valentia. *Per què hem d'anar a votar?*, li etziba, reptador, un dels primers que parlen. I d'altres continuen. *Això del Palau és una vergonya; com és que cobràveu del Millet? Què passa amb en Prenafeta?* (...) *Prenafeta? I per què ens pengen a CDC el que diuen que han fet uns privats? Per què no pengen als socialistes el que ha fet l'alcalde de Santa Coloma? Curiosa doble moral.* Una noia que ha estudiat a Suïssa parla de llistes obertes i d'altres vinculen el Palau amb el finançament irregular. I és aquí, en la bateria d'incòmodes preguntes que li plantegen els joves, on *Ell* es mostrarà contundent. *La democràcia té un cost*, respondrà a una noia que se li encara. I ella li dirà, *qui ho ha de pagar?* I mentre assegura que *tots els partits han passat la frontera* —els experts situen les despeses per damunt del 30 % del permès en campanyes, però aquesta és una dada que els partits neguen—, que si es volen fer debats morals sobre fundacions que sigui a totes, *parlem de la fundació dels socialistes, amb la Caixa de Catalunya, presidida pel Serra, o de les fundacions que reben subvencions del Govern i que pengen dels pressupostos,* mentre respon a totes les preguntes frontalment, sense defugir-ne cap, apareix una imatge d'*Ell* poc usual.

Apareix el geni.

Òbviament un geni contingut, passat per les normes de la correcció, un geni d'escola Aula, però geni, al cap i a la fi. Després hi haurà altres moments d'autoritat i, fins i tot, algun cop a taula, però és aquí, entre els joves de la CatDem, en una tarda presumiblement *fàcil* on li han tocat una vena sensible, que explotarà de manera inesperada. Temps més tard, en una conversa privada, mostrarà la seva fatiga per la mala imatge de la política, i semblarà una fatiga sincera. *No estic disposat a traspassar la frontera del tots els polítics són uns xoriços.* I parlarà de Joan Antoni Solans, *vint anys de director general d'urbanisme, vint anys traçant línies que afectaven la gent, la seva riquesa, el seu patrimoni. Feia rics i feia pobres, i mai cap escàndol.* Cap escàndol?! *Cap. Investigats per totes bandes, i no ens han trobat res.* I en un altre moment, *la política és una activitat sense prestigi, amb una intensitat horària sobrehumana* —més de dotze hores diàries tots els dies de la setmana, 3.500 hores l'any passat, dirà als joves, amb un punt d'emprenyament—, *amb abandonament familiar, que pesa amb els anys, i amb pocs diners. El president de la Generalitat cobra 170.000 euros bruts a l'any. Per què hi hauria d'anar ningú amb una gran vàlua?*

Per què? Jardiel Poncela tenia la resposta, *el que no se atreve a ser inteligente, se hace político...*, però era tramposa. Certament, a l'època del franquisme, el més intel·ligent era seguir el consell del propi Franco: *Haga usted como yo, y no se meta en política.*

Per què, doncs? Quan li ho pregunten els joves, la resposta és vaga. *Jo no ho volia, això. Havia posat sempre el fre. Fixeu-vos que als 29 anys era director general i m'ho passava molt bé. I ho vaig deixar per anar-me'n a la privada. Era una jove promesa, i me'n vaig anar, i això que tenia una posició envejada.* Però es va quedar de regidor a l'ajuntament. *Sí. M'hi vaig quedar, i les circumstàncies em van anar duent...*

Dirà: *És una càrrega de responsabilitat molt feixuga que em pesa molt.* I afegirà: *He tingut la temptació de deixar-ho. El 2003 volia engegar-ho a rodar.*

Engegar-ho a rodar...! Difícil creure que en Pujol ho hagués pensat mai, això de llançar la tovallola. Però aquests dos no estan fets de la mateixa pasta, ni tenen la mateixa relació amb el poder.

Temps més tard, a casa, amb els tres fills i l'Helena, en una plàcida conversa, parlarà de l'enorme decepció de guanyar eleccions i no governar, especialment quan s'acompanya d'un joc d'enganys intencionats. *Ens van fer el llit a consciència. Ho tenien tot pactat, i van jugar a fer veure que volien escoltar-nos. Els socialistes, però especialment Esquerra. Jo vaig plantejar moltes possibilitats, era difícil dir que no, però era igual el que digués, ja tenien presa la decisió de fer el tripartit, abans d'agafar-me el telèfon. Havien jugat a l'ambigüitat durant la campanya electoral, però era mentida. No hi havia cap ambigüitat. Esquerra sempre va saber que no pactaria amb nosaltres. Ja s'havia venut l'ànima als socialistes.*

I explicarà el que ell anomena, explícitament, la mentida d'en Carod, al segon tripartit: *La primera vegada ens van humiliar. Van voler humiliar-nos públicament, amb tota la mala intenció. Però la segona vegada ja no m'enredaven, tot i que van intentar-ho. De fet, en Carod va demanar, a través d'en Niubò, una entrevista privada, teòricament secreta. Però als cinc minuts teníem la premsa al damunt. Feien veure que ens escoltaven, però era una pantomima. Sabia perfectament que tot estava manegat, i que només volien guanyar una mica de temps davant la gent, per no semblar que havien pactat d'amagat, abans de les eleccions.* I en una conversa a dues veus, l'Helena i *Ell* aniran desgranant els enfilalls del seu rosari particular. *Em va dir en Carod, després d'oferir-li la conselleria en cap, 'no et preocupis, que si no pactem amb vosaltres, no passarà com l'altra vegada. Ho sabràs directament per mi, hores abans que ho sàpiga ningú. No te n'assabentaràs per la premsa'. Però va ser mentida. Aquell dia era just després de Tots Sants i havíem anat a Sabadell a escoltar una òpera. No, era una sarsuela, sí, a la Faràndula. Recordo que teníem en Bustos davant. Jo vaig deixar el mòbil obert i durant tot l'espectacle vaig anar rebent missatges de periodistes dient-me que el tripartit estava fet. En Carod va trucar una estona abans de la roda de premsa, quan ja m'havia avisat tothom. Havia tornat a enganyar-me.*

En el moment que ho explicarà, al menjador de casa seva, l'atmosfera serà densa, sobrecarregada d'una emotivitat dolguda, amb la ferida encara oberta. Com si el temps s'hagués detingut en aquell precís instant que va trucar Josep-Lluís Carod-Rovira per fer-li, sense cap mena d'elegància, una nova i sonora... botifarra. Un fill dirà, *va ser molt lleig i molt trist.* I quedarà clara una cosa: el sentiment de profunda desconfiança envers ERC, a casa de l'home que ha guanyat dues eleccions i no ha governat, es viu d'una manera familiar, com si hagués estat la jugada caïnita d'un parent, com si hagués estat la ganivetada d'un Brutus amic a l'esquena de Cèsar. És difícil no pensar, en aquest cas, que la ferida és més intensa perquè el traïdor és del mateix encuny, un fill desbocat o, pitjor, un fill bord...

Dirà David Madí, quan parli d'ERC: *Érem la gent que, de vocació, volíem un pacte amb ERC, formava part del nostre sentit de ser, de la nostra genètica. Ens van enganyar com a* xinos, *perquè, segons les nostres regles, era impossible entendre que Esquerra traís el país com ho va fer, pactant amb els socialistes. Per això, quan vàrem guanyar les eleccions la primera vegada, aquella nit, estàvem convençuts que ho havíem aconseguit. No ens vàrem adonar de res, de res. Tothom ens enganyava i nosaltres seguint tota aquella opereta sense tenir-ne ni idea, perquè no ens cabia al cap que ERC no sumés en la voluntat de fer un pas endavant nacional. Digue'ns ingenus, digue'ns babaus, però és així. Tots nosaltres érem independentistes, i havíem somiat el pacte amb ERC. Pensar que ERC trairia al país era una idea que no ens cabia al cap.*

Jo ho vaig veure a la cara d'en Puigcercós. Ho diu Felip Puig, amb la suficiència que li agrada exhibir, no debades és un dur de la política catalana. *Era la nit electoral del 2003. Era a TV3, en directe. Vam començar perdent, i tots es repartien la pell del llop. De sobte, em passen un paper que diu que estem guanyant. Jo em giro cap en Puigcercós i, amb la mà, li faig el senyal que allò s'ha girat i que estem guanyant. Quan veig la cara d'en Puigcercós, m'adono que tot està manegat. Que ja ho tenen tot fet. Havíem perdut, tot i haver guanyat. Just en sortir de TV3, li dic al president: Ens fotran.*

Moltes setmanes després de l'escena a casa seva, confessarà, *fa molt de temps que sé que Esquerra no és de fiar. Ho he patit en pròpia carn.* Serà de les poques vegades que parlarà dels altres, en tot el temps que la mirada l'acompanyi, perquè la immensa majoria de vegades, els altres, senzillament, no existiran. A Sant Benet haurà dit: *Aquesta és l'única instrucció que us dono. Vull una campanya en positiu, no la vull en contra de ningú, sinó per enlairar Catalunya. Parlarem molt poc del tripartit. No cal. Tots sabem que és una fórmula que té més passat que present i més present que futur. Ara, si està al seu abast, la repetiran.*

En l'acte de Sant Benet, brillarà, amb llum pròpia, una frase que manllevarà de Jordi Pujol: *Hem après a estimar la pols dels camins de Catalunya...*

Però al menjador de casa seva, lluny de la pols dels camins, amb els tres fills i l'Helena al costat, la ferida de Carod encara sagna, i res no amaga el sentiment que provoca en els presents. De l'engany a la humiliació, i de la humiliació a la traïció. Això ha estat Esquerra per a CDC. I això ha estat Carod-Rovira per a *Ell.*

Mesos més tard, en un dinar inesperadament sincer al Parlament amb Lluís Corominas, un dels seus col·laboradors més estrets, membre del denostat pinyol, i un dels homes que va patir *l'engany Carod* en primera persona, en Lluís rubricarà: *En Carod no volia parlar amb nosaltres. Volia fer veure que hi parlava, per fer-se valer davant els socialistes. Ens va tractar com a simples comparses per negociar millor. En cap moment ens va tenir respecte.* Una estona abans, aquest home corpulent, força pelut i tranquil, forjat en la pedrera municipal, haurà confessat que, el 2006, va plorar quan ja estava clar que la victòria no garantia el govern. *Havíem pencat tant...*

Sense dubte, el sentiment cap a ERC no és homologable al sentiment cap a qualsevol altre partit rival...

Setmanes després, en un dels encontres privats, a dues veus i una gravadora, parlarà de les portes, malgrat tot obertes, cap a ERC. *Encara hi confies?* No ben bé, *tot i que amb en Puigcercós he refet ponts, parlem sovint.* Però si en Puigcercós és l'home menys de fiar de la política catalana! Però si ha fet la traveta a tothom, ha enganyat tothom, però si és un conspirador amb barretina! *Això em diu tothom, que no és de fiar, però com a concepte profund de país, no puc prescindir d'ERC, no els puc obviar. Clar que hi desconfio, com mai, he patit en pròpia pell les seves mentides, però Esquerra ha de formar part del meu model de país, especialment en el futur, si hem de fer passos endavant en el nostre procés de sobirania. Amb els altres puc pactar puntualment, circumstancialment, però amb ERC he de pensar en Catalunya...*

A voltes, *Ell,* aquell que es deixa mirar i, ocasionalment, endevinar, resulta d'una dualitat sorprenent. Respecte d'ERC mateix. Quan parla l'home al menjador de casa, amb els seus al voltant, les emocions respiren per la ferida. Al seu despatx, amb el vestit de polític ben polit, vencen les estratègies. La mateixa ERC que l'ha mentit, l'ha traït —*traït és una paraula excessiva, la diria molt poques vegades i de molt poca gent*— i l'ha deixat fora del govern, és la que *necessàriament compta en un projecte de país.* I si et tornen a prendre el pèl? *Aquesta possibilitat sempre hi és.*

Felip Puig dirà, mesos després. *Les ferides amb ERC cicatritzaran. No hi ha altre remei.*

A la sala que acull la reunió amb els joves, la conversa continua per viaranys més previsibles i aterra en la indefugible qüestió de la independència. Aquí és taxatiu, sense embuts i..., sense artificis: *Jo no descarto un referèndum per la independència i votaria sí, cosa que no ha dit mai cap candidat de CiU a la presidència de la Generalitat.* Per posar més èmfasi al seu propi compromís, recorda que en Pujol no era independentista, mentre que *Ell* se'n declara, però... I aleshores enfila un seguit de reflexions mereixedores, cadascuna d'elles, del seu propi punt i a part:

— *CDC no porta la independència en el programa perquè perdríem vots. Seria un heroi, però enlloc de 60 diputats, en treuria 30.*

— *Cal tenir el cap fred. La sobreexcitació del PNB ha dut al pacte PP-PSOE.*

— *La idea de la independència no és una feina per impacients, sinó per perseverants.* (Frase acompanyada d'una dita de la seva mare: *Quan se t'acaba la paciència, baixa a la botiga, i compra'n una mica més.)*

— *Teniu idea del que ens caurà al damunt, quan fem el referèndum? Ni ens ho imaginem. Els de fora* no se andan con chiquitas. *No es poden fer grans proclames i ja està. Mireu Quebec.*

— *Menys proclames d'independència amb copa de whisky i més anades al barri de San Ildefonso.*

I desvetlla que aquest és un tema que Convergència segueix cada quatre o cinc mesos. *Les dades són clares: si vota fins al 50-55 % del cens guanya el SÍ. Si la participació passa del 55 %, guanya el NO. I això que fem la foto en condicions de laboratori i bata blanca...*

I la independència sura a l'ambient com un desig fallit, com el bocí trencat d'una utopia. Però no ha convençut tothom. Un jove li dirà: *Si tenim aquestes pors, mai no hi arribarem.* I quan *Ell* demana com s'ha de fer, altres joves entraran en el debat. La independència és la reina del final de la festa dels joves de la CatDem i, de la mà dels somnis, acaba la feina del dia. Se'ls ha posat a la butxaca, tot i l'inici accidentat, i no tant perquè el soroll dels Palaus i els Pretòries els hagi convençut, sinó perquè la música de les seves explicacions ha estat afinada. I no és això, al cap i a la fi, la política: l'art de seduir, més enllà de convèncer?

Però tot no quadra. I en la distància dels dies, lluny de l'harmonia de les seves paraules, apareixeran algunes notes dissonants. Per exemple, la relació amb el poder. S'ha mostrat desinteressat, *jo no ho volia, això, havia posat sempre el fre, les circumstàncies em van anar duent...* Però temps després explicarà privadament i amb vehemència com va arribar a ser el candidat d'en Pujol a la successió. Serà en el marc d'una extensa explicació sobre el seu famós pinyol, el perquè de la seva estreta complicitat, el com es va forjar la *seva gent*, el deute que sent... I tot girarà al voltant d'aquest fet únic: ells —David Madí, Francesc Homs, Lluís Corominas i Oriol Pujol— són els que es van plantar davant Jordi Pujol i van fer valer el seu nom, amb la intenció de frenar les maniobres d'en Duran i Lleida per ser el candidat a la presidència. *Com a dirigents de CDC no podíem permetre que en Duran fos el candidat. I allò que en diuen el pinyol és la gent que va donar la cara per mi, davant d'en Pujol, que no era fàcil en aquell moment; es van significar arriscant-se molt, perquè tot estava per decidir. I si no sóc jo, al final, l'escollit, en quina posició haurien quedat ells? T'ho imagines? Molt tocats. Sí, en aquell moment crític van estar jugant a favor meu, quan tot ho podíem perdre, i no m'han deixat mai. Tinc un deure de lleialtat i d'agraïment amb ells.* Però..., aleshores, si ell estava per allà, si no volia, si havia posat el fre, si les circumstàncies..., per què explica amb abrandament (en la mesura que aquesta paraula pugui ser usada per referir-se a un home que no perd gairebé mai la compostura) i vehemència els moments crítics del seu nomenament? No fa la crònica d'una casualitat, sinó d'una lluita aferrissada pel poder. No és el relat d'un sacrifici, és l'èpica d'un combat. És a dir, d'un poderós desig. *Ell* no s'ha trobat aquí, *Ell* ha volgut ser aquí i ara, lluitant per arribar, delint-se per ser president, deixant-hi la pell. Probablement per això, per com vol i per com li dol, s'haurà presentat així, just en arribar a la reunió amb els joves:

Sóc aquell que guanya eleccions i no governa.

I aquesta idea d'haver guanyat dues vegades i no haver governat el tortura d'una manera intensa. Sortirà a tot arreu, en gairebé tots els actes, amb un to d'ironia en públic, amb dolor descarnat en privat, com si no fos la conseqüència del joc sempre pervers de la política, sinó una ofensa personal. Així mateix ho farà sentir quan faci el discurs de Sant Benet, just investit candidat a la presidència: *Ens podien treure la púrpura del poder i deixar-nos sense provisions, però no ens podien treure la força dels nostres ideals i les nostres conviccions.* I manllevant el bisbe Pere Casaldàliga, *som soldats derrotats al servei d'una causa invencible...*

Vol el poder. Però la seva educació espartana —i el seu instint de supervivència— li fan rebaixar el to del desig fins a convertir-lo en una simple contingència. O en una causa. Què ho fa que pocs líders reconeixen l'atracció fatal que el poder els produeix! Sarkozy, potser, perquè és francès d'ascendència jueva, i aquesta doble identitat marca caràcter poderosament. A més, els francesos es poden permetre la fatxenderia, és un plus de credibilitat, una garantia en tota cursa presidencial. A Catalunya, en canvi, com a bona terra acomplexada i espantadissa, la gent segura, de passa forta i d'instint felí, fa caure d'esquena, espanta, tal vegada perquè només ens movem segurs en els límits de la mediocritat.

Alhora, però, també és cert que viu la cursa pel poder com una mena de sacrifici, com si hagués fet seva la famosa frase de Georges Clemenceau: *El poder és la més completa de les servituds.* No és Jordi Pujol, que va assaborir la seva eròtica amb fruïció. Ni Josep Tarradellas, l'adn del qual contenia el gen del verb manar. Tampoc no és Pasqual Maragall, fent-se el desmenjat, *era a Roma, volíeu que tornés, he vingut, si voleu...*. És una altra cosa, una mena de voler i doldre, de gaudir i patir, d'assumir el sacrifici i sentir, al mateix temps, l'alè dels escollits, màrtir i heroi, *soldat caigut al servei d'una causa invencible...*

Ho deixaràs, si aquesta vegada no hi arribes? La mirada esdevé un foc creuat, sostingut, reptador i així, fit a fit, respon: *No m'ho plantejo. Ara necessito força anímica per aquesta cursa.* I afegeix: *Seré candidat de CiU a la Generalitat mentre sigui més solució que problema.* Setmanes més tard, José Zaragoza dirà d'ell que és un candidat cansat i desgastat. Però serà una frase més de les moltes que surten pel broc gros del soroll electoral. Ni està gens cansat, ni sembla gens desgastat. Més aviat sembla un home motivat i preparat per lliurar la batalla final.

Altrament, i si fos el cas que diu en Zaragoza, el dirigent socialista faria bé de prevenir-se, no en va és ben sabut que, en l'art de la guerra, són els soldats cansats els que guanyen les batalles...

Curiositats afegides. Just en arribar a la trobada dels joves, passa llista. Qui són, què han estudiat, què els motiva, un rere l'altre, com un mestre.

Quan vol expressar alguna idea força, acompanya les paraules amb un tac-tac de cama, com si fos una reafirmació física del seu èmfasi dialèctic.

És davant d'una vintena de joves, però s'entrega com si fossin milers. Es buida. Temps més tard, parlant del seu sagnant personatge al *Polònia*, dirà: *Jo sumo un a un, necessito la distància curta, és l'única manera de trencar l'estereotip, la llufa que m'han penjat. Quan em coneixen, tot canvia.* Els joves diran que és cert.

Tota la culpa de la *traïció —traïció al país*, dirà en Madí—, o el menyspreu, o directament les *mentides* d'ERC, és d'ERC? *Nosaltres també hem de pensar què ens va passar. Durant anys vàrem menysprear ERC, primer en Pujol amb en Colom, i després en Pujol amb en Carod. I en Carod és dels que no suporten un menyspreu. És dels que té tauleta de nit. La vàrem pifiar.* Ho dirà Xavier Trias. Però afegirà, *ara, la culpa del desastre actual és d'ells. Ser nacionalista i fer president Montilla!, quina barbaritat!*

En la mateixa línia, Oriol Pujol: *Nosaltres, el pinyol, la seva gent, l'Artur, ens vam dedicar a omplir forats, però no vam saber fer ponts. El DVD* [*Confidencial.cat*, que es va repartir amb la premsa], *per exemple. És lògic que ERC s'ho prengués com una agressió. I va ser cosa nostra...*

En Carod ens va oferir un pacte, explica en Madí. *Era el 2001 i s'estava celebrant el debat al Parlament. En Mas agafa en Pujol i li demana portes obertes i consensua amb en Duran com seran les portes obertes. En Pujol accepta i escriu la rèplica —que no ho fa mai— per no equivocar-se. En Carod, en el seu discurs, li diu de tot a en Pujol però s'ofereix. Certament, semblava una oferta de pacte insultant, però era una oferta. Li diu el que pots imaginar, que si heu pactat amb el PP, que si us heu venut, que si hauríeu d'aca-*

bar el mandat amb dignitat... Joaquim Triadú, al costat de Pujol, li comença a inflar el cap contra en Carod. (Segons Oriol Pujol, en Triadú no va tenir aquesta influència. Va ser cosa del propi Pujol, que es va escalfar.) *I en Pujol, que estava emprenyat com una moto, en lloc de llegir el text que havíem pactat, l'engega a dida. I tot se'n va en orris. Clar que, ben mirat, era una oferta trampa. Després, en privat, en Mas li oferirà un pacte* a doble volta, *amb un nou Estatut. El 2002. No va trigar ni 17 segons a dir que no. Recordo la seva frase:*

> *No us salvaré en aquest final d'etapa.*
> *Com més a prop del PP estigueu, millor.*

Germà Gordó no tindrà pietat. *Aquests d'Esquerra són una banda. El millor que ens pot passar és no dependre mai d'ells.* I altres repicaran, *ho diuen els històrics de CDC, el principi d'Esquerra és que no té principis.*

LLEGENDES URBANES: SEGON APUNT

En Pujol i Ell no són amics.

El primer espot de televisió de l'època Mas —*del qual me'n sento especialment orgullós*, dirà David Madí al seu famós i polèmic llibre *Democràcia a sang freda*— construeix l'escena, amb un fort sentit èpic. Una immensa senyera al fons de l'escenari i dos homes que caminen lentament, des de llocs distants, fins a trobar-se. Jordi Pujol i Soley, a una banda. Artur Mas i Gavarró, a l'altra. A la fi de l'escena, es troben i es fonen en una simbòlica i emotiva abraçada. És un espot. És ficció. A la realitat, però, l'abraçada amaga esquerdes...

Pujol i Mas. El líder i el delfí. El líder i l'únic que ha gosat ser el delfí. El líder i l'únic que ha aconseguit ser el delfí. La relació que tenen respon a l'estereotip que, teòricament, la retrata?...

Ho semblaria, d'entrada... Res no fa pensar que es desmenteixi la idea generalitzada, que en Pujol i *Ell* no són amics. A banda i banda de la relació, tots els indicadors marquen una distància humana profunda i una complicada proximitat política. *No tenen bona relació,* dirà David Madí. Són diferents, tant en el llenguatge de la vida, com en la relació amb el poder. En Pujol és un home difícil, estrany, sense amics, en el sentit del comú dels mortals, i amb una severa mala consciència com a pare i, probablement, com a fill. *Ens hauria anat millor si s'hagués dedicat una mica més als fills,* comenta un prohom català de les lletres, mentre assenyala les llegendes urbanes que acompanyen el tren de vida d'alguns dels cadells pujolians. *No tots*, remata, *però algun se li ha escapat de les mans.* I Jordi Pujol, l'home que va conduir durant 23 anys el destí dels catalans, no ho porta bé. Amo i senyor del Pati dels Tarongers, ha viscut absent del pati de casa seva des de sempre, i fa la impressió que aquest buit vital l'acompanya en els anys de la jubilació. L'acompanya i... el tortura. Però alhora que sap que no ho ha fet bé, l'estranya que ho facin bé els altres. I, potser, el molesta. Aquest és un punt de la desconfiança que sent respecte d'*Ell* com a líder polític, tal vegada perquè s'ha construït una dura cuirassa de justificacions personals que emmascaren la pròpia culpa, i que es resumiria en una idea central: la política exigeix el sacrifici familiar. No hi ha cap possibilitat de conciliació. No hi ha dreceres. És el tot a zero. Per això mateix, quan veu la capacitat que *Ell* té de construir vasos comunicants entre ambdós mons, alguna cosa li falla. Si és un home de família, no podrà ser el gran home de poder que ha de ser. I si és un home de poder, no pot ser un home de família. *L'Artur sempre està pendent de si algun dels seus està malalt. Ja ho saps, el ronden les malalties familiars des de petit, però no pot fer-ho, això, perquè té una agenda política..., ja ho saps, com són..., massa coses al cap i només falta pensar en la germana, el pare...* Però ho diu amb una barreja de retret i d'admiració, com si la seva incapacitat per haver conciliat els dos àmbits esdevingués alhora virtut i defecte, i descobrís, a través d'*Ell*, a la vellesa, que hi ha altres maneres de viure la política.

Temps més tard, Oriol Pujol Ferrusola, l'únic dels fills que ha seguit la vocació política del pare, i membre destacat del pinyol d'Artur Mas —*el pinyolet*, dirà Felip Puig—, negarà aquest fet. *La conciliació familiar, el meu pare la pareix des del primer moment. Fent balanç de la seva vida, el que queda és que ha governat un país, però també ha construït una família.* Certament, ha governat un país, i certament ha construït una família tupida. Però, a costa de què? Aquesta pregunta que sembla que en Pujol es fa amb més o menys neguit, *Ell* no vol trobar-se en la situació d'haver-se-la de fer mai.

Artur Mas no és un catòlic, és un calvinista pur, amb una estricta moral calvinista, que s'aplica a si mateix, i aplica als altres. I en Pujol? *En Pujol és un catòlic d'abadia, un d'aquells que remenaven per les abadies del nord d'Itàlia del segle* XVI. Ho diu el catòlic practicant Germà Gordó.

De Pujol a Mas, entre tots dos, també, altres maneres de viure la relació amb la política... En parlar-ne, assegura que *Ell* no és com en Pujol, que no es veu vint anys exercint la presidència, *des d'un punt de vista anímic, jo somio a posar distància en algun moment. Que em quedin prou anys de la meva vida per poder fer altres coses.* I afegeix, *així com l'única afició personal important d'en Pujol és aquesta, jo no, a mi m'agrada viatjar, fer esport, m'agrada llegir, m'agrada anar-me'n amb barca al mig del mar, m'agraden moltes coses i ho trobo a faltar. Potser ara hi penso poc i ho trobo a faltar menys, però ho trobo a faltar.* Ho troba a faltar poc perquè es conté en els desitjos? *Sí. En el meu codi de conducta actual, jo estic absolutament abocat en allò que estic fent, amb una excepció, que és quan la família em necessita. Tot i així, quan somio...*

Hi haurà un dia que *Ell* dirà, *en Pujol és barroc. Jo no.*

Hi haurà un dia que en Pujol dirà, *l'Artur no acaba de ser simpàtic. Jo sí.*

Hi haurà un dia que Francesc Homs dirà, *no tenen res a veure.*

I ho explicarà amb la metàfora (segons ell certa) del cafè. *Ho sé perquè tots tres anem al mateix metge. Ens diu als tres: Deixeu de prendre cafè. Ja saps, la vida que portem, espitats.... Jo passo de prendre'n set al dia a només dos. En Pujol continua prenent els seus set cafès. I l'Artur, l'endemà de la recomanació mèdica, no en pren ni un sol més. Mai més. I això que era un gran cafeter!*

Més tard *Ell* contarà, amb detall, com es va produir la successió, quin rol va tenir la gent que el rodeja i que, en l'argot periodístic més maldient, s'anomena «el pinyol», els dubtes de Pujol, els seus neguits, la pressió d'en Duran i Lleida. Serà setmanes més tard, i serà en un moment d'intimitat.

Un d'aquests homes que formen la seva gent, David Madí, serà explícit: *El món d'en Pujol estava farcit de tios que vivien de ser interlocutors d'en Pujol, i la seva tendència era la de tallar altres possibles 'interlocutors', és a dir, de tallar els caps joves que arribàvem.* Reblarà Quico Homs, *era la típica música del relleu, orquestrada per la gent que havia estat fidel* a en *Pujol durant dècades. No teniu en compte al president, amb tot el que ha fet per vosaltres i pel país..., sou uns desagraïts..., ho espatllareu tot... I mentre rondinaven, picaven l'ullet a en Duran per castigar-nos...* Lluís Corominas afegirà: *El lideratge d'en Pujol i en Mas, al partit, no s'assembla de res. L'Artur ha exercit el lideratge d'una manera molt diferent. No ha cercat l'afalac, no ha necessitat fidelitzar la gent al seu voltant, no ha promès res que després incompliria.* En Pujol cercava l'afalac, volia un entorn de fidelitat indestructible, prometia i no complia....? *En Pujol era diferent..., era en Pujol.*

Clar que són diferents. En Pujol era un ideòleg que intentava fer de gestor, no sempre amb èxit. I en Mas és un gestor que, a més, vol esdevenir un ideòleg. Però tots dos són durs i tots dos s'han fet a si mateixos. Ho diu Xavier Trias. I afegeix Felip Puig, *en Pujol és un cavall de Corpus, saps aquells cavalls que triomfen al Corpus, tots ben engalanats?, doncs un d'aquests. Després li cal que algú vagi al darrere i tregui la caqueta i deixi el carrer ben net. Artur Mas no s'engalana, però tampoc no deixa caqueta al darrere...*

Una diferència també accentuada en la forma de tractar la gent, en l'accessibilitat, desbordant en l'expresident, escassa en el candidat a la presidència. Francesc Homs en fa una mena de faula. *El despatx de l'Artur, com el d'en Pujol, és a la banda oposada del passadís on hi ha els despatxos de tots els diputats. Com és el relat, en el cas de l'Artur? Ell arriba, gira a l'esquerra, se'n va al seu despatx, i treballa. Tota la tropa sap que, si cal, Ell et rebrà de seguida, però, si no demanen veure'l, l'Artur no es mou, ni els crida, ni els va a veure. Això sí, quan arribes amb la carpeta plena de coses, Ell l'assumeix ràpidament i se la carrega a la motxilla pròpia. I aleshores va més carregat.*

Com és el relat amb en Pujol? Només arribar al passadís, esgargamella la veu, xerra amb l'uixer, diu alguna floreta a les nenes (com en Pujol anomena les secretàries), i obre la porta d'algun diputat, un de qualsevol, com va això?, què tal la dona?, tens feina? El diputat potser vol parlar-li d'algun tema, però mai no és el moment. En Pujol no et resol res, al contrari. Probablement t'afegirà temes a la carpeta. I quan se n'hagi anat, el diputat estarà content i tindrà més feina...

Aconsegueix respecte, però no crea complicitat. Alguns d'ells diran: *La trucada del diumenge a la tarda d'en Pujol, què?, com va?, què m'expliques?, no la fa mai, l'Artur.* N'*ha de passar una de molt grossa, perquè truqui.*

Tampoc no truca a Jordi Pujol... *És el que no sap fer, ni sabrà fer mai l'Artur. No dirà mai anem a dinar, perquè l'Artur se'n vol anar a dinar... a casa! I en Pujol necessita, un cop al mes, doncs això, que el portis a dinar, que li comentis la jugada, que el tinguis en compte, i res, l'Artur és incapaç. Saps?, l'Artur és un primer de la classe, gent dura...*

Impecable i implacable, recorda Oriol Pujol que va dir *Ell* de si mateix, en un consell nacional. *Ep!, però ara sóc menys impecable i menys implacable*, assegura l'apel·lat... Potser n'és menys, però el fill de qui fou president de la Generalitat durant 23 anys, líder indiscutible del seu partit i del país, encara el veu massa *implacable*. Especialment respecte del pare. I aleshores enfila un sonor lament sobre les relacions *fallides* entre tots dos. *Artur Mas no el cuida, gens, no el cuida.* I referint-se al seu pare pel seu nom propi, talment un emperador de vells imperis, afegeix: *Jordi Pujol només voldria que el tingués en compte, que de tant en tant el truqués per comentar la jugada, o que el portés a dinar, però Ell no ho fa mai. En Pujol voldria dir-li coses, però l'altre no es deixa. No hi ha un punt de trobada. I jo no me n'he sortit. A més, saps?, els dos m'encarreguen feina, un per l'altre. I ho tinc fatal perquè, per a l'Artur, jo sóc l'emissari d'en Jordi, i aleshores... Per això em disfresso, quan tinc un encàrrec, faig veure que és cosa meva, perquè em faci cas. A més, els intermediaris, com Xavier Trias, no ajuden. Ben al contrari. Ja saps..., som un partit de minyones... Mira, la relació entre en Pujol i en Mas està desequilibrada, desequilibrada per la banda d'en Mas, i això li genera molta amargor a Jordi Pujol.*

Pujol sent amargor perquè Artur Mas no el cuida...

No és cert!, saltarà l'interpel·lat. *Tinc 54 anys, he estat dues vegades candidat, i em sembla que em toca fer de mi. Cada vegada faig més de mi. No vol dir que no l'admiri, però no li he fet mai la gara-gara. I la seva ombra no em fa nosa. Potser al principi, perquè era una ombra immensa, però després ha sabut fer l'enretirada, que no retirada, i cadascú és al seu lloc.*

A més, Pilar, no sóc una persona fàcil. Sóc com sóc. Però no és menysteniment, perquè l'admiro. L'Oriol no ho deu saber, però les confidències més importants de la meva vida... —de la vida en sentit general, emocions, problemes...?—, *de la política, les he fet a en Pujol. Ara bé, no li penso fer la gara-gara per tenir content algú. Ja sóc gran per a això.*

Foc creuat. O encreuament d'equívocs. L'homenatge, per exemple, a l'expresident de la Generalitat. Jordi Pujol farà 80 anys el proper 9 de juny.

Però no hi haurà homenatge. L'explicació a banda i banda distarà tant com semblen distar les dues persones que la protagonitzen. En tots dos casos, una certesa: ha estat Jordi Pujol qui ha decidit que no es fes l'homenatge. El motiu és més vitriòlic. Segons l'Oriol, *Jordi Pujol ha interpretat els signes, les incomoditats per part de l'Artur, era clar que no li venia de gust. Dissabte passat vam tenir reunió familiar, i la mare està molt, molt enfadada. Ei, sobretot amb ell, amb en Jordi. Però Jordi Pujol és molt disciplinat, i si li sembla que pot molestar, s'enretira. I li han fet notar que molestaria. Fora. Ja està. No es farà. I ja no es farà mai, perquè als 85 no és el mateix. Ja no el farem. Ens ha dolgut molt. I la mare, pots comptar! S'ho pot explicar algú, que no hi hagi homenatge pels 80 anys de Jordi Pujol?! És incomprensible.*

Quan rebi la pregunta sobre l'homenatge, amb l'avís previ de les dures paraules de l'Oriol, respondrà amb una molèstia evident, gairebé amb indissimulat emprenyament. *A tres mesos de les eleccions! Saps el que significa mobilitzar tot el partit, tota la gent, fer un gran acte, per fer l'homenatge a Jordi Pujol! I després, si li fas un gran homenatge, com el gran líder polític que és, aleshores què fas amb ell? El pots portar als mítings, i arreu, després del gran homenatge? No sembla fàcil. Clar que voldria fer-li un homenatge, i l'hauríem fet! Però li vaig fer les consideracions a en Pujol que em semblaven necessàries, res més. I va ser ell qui va dir que no. A més, Pilar, te'n diré una. Al 2003 li volíem fer homenatges i ell no va voler. 'Jo no en vull, d'homenatges', perquè aleshores no s'enretirava, el retiràvem...*

A l'uníson, tots dos: *Jordi Pujol ha dit que el millor homenatge que li podem fer és guanyar les eleccions i governar.* Però la percepció d'aquesta emfàtica i generosa resposta no serà la mateixa en funció de quina banda del mirall pujolià respongui.

L'adaptabilitat al medi és un altre dels grans contrastos amb en Pujol. Mentre el Molt Honorable gaudeix de la versatilitat de la iguana, capaç de dir i pensar diferent, amb la mateixa rapidesa que canvien les circumstàncies, *Ell* manté una dificultat evident per canviar de discurs. Novament és l'Homs qui recorda l'aventi. *Era en un homenatge a Lluís Companys, i en Pujol era amb nosaltres, dient-ne penjaments. No pot veure en Companys. Creu que va ser un desastre per Catalunya. I vinga dir-nos-ho, abans de començar l'homenatge, que si era un radical, que si es va equivocar, que si no tenia alçada política... Al cap de poc va començar l'acte i en Pujol va sortir a escena, i va fer un panegíric tan desmesurat que semblava la vida d'un sant. Això amb l'Artur és impen-*

sable. L'Artur és incapaç d'adaptar-se, amb aquesta rapidesa, a un discurs diferent del que, minuts abans, ha defensat.

Aquesta falta d'adaptabilitat, és una virtut o una feblesa? Probablement, una virtut moral i... una feblesa política...

Sense anestèsia, el comentari a boca de canó, s'anirà fent a tots els membres del pinyol, i tots semblaran estranyament conformats, gairebé indiferents: *Sou la seva gent, la gent de l'Artur, però Ell no és amic vostre. Us estima, valora la lleialtat, us té en compte, però..., no és amic.* Silenci tranquil... *No. El seu amic és en Vilajoana. Nosaltres som la seva gent.* I, assegura l'Homs, *és molt saludable que no siguem amics...* Per afegir, *alguns de nosaltres ho passarem molt malament, quan arribi a la presidència, perquè haurà d'obrir el ventall, haurà de donar joc, especialment amb això del 'govern dels millors' que ha promès, i alguns no tindrem premi...*

Premi... Curiós com s'assemblen les pors dels col·laboradors, quan els líders s'apropen a l'èxit. Yasmina Reza ho posa en boca de l'autor de la peculiar trilogia *Le disque de Jade*, l'escriptor José Frèches, tot parlant de Nicolas Sarkozy, *quand le prince devient roi, me dit José Frèches, ceux qui ont vu le prince pleurer sont envoyés dans les mines de sel. Depuis la nuit des temps.* Quants dels seus, que han vist plorar el Rei Artur, és a dir que han estat amb *Ell* a les hores de les pors, els neguits, les febleses, quants aniran a les mines de sal? En qualsevol cas, la distància emocional facilita les coses.

Així ho creu també *Ell*, quan en parli. *He de prendre decisions, ja saps, no és fàcil en el meu càrrec..., decisions que afecten persones, i en el futur seran més complicades, entens?..., millor que no siguem amics.* I l'Oriol explicarà que un dia van muntar una trobada amb diputats, *per fer molla.*

La idea era trobar-nos, divertir-nos, que Ell arribés i estigués amb nosaltres, i veure'ns en un altre context, teixir complicitat. Em va dir: 'No vindré. No puc venir, perquè he de prendre decisions sobre ells'...

Però sí amic d'en Vilajoana. Per què? *És molt important per a l'Artur*, asseguren els seus sense vacil·lació, i Quico Homs ho explica, *no sap abstreure's de la feina i en Vilajoana li explica acudits, el distreu, el desengreixa.* És el *clown* de la festa? *En certa manera, sí.*

Diferents, doncs, *Ell* i en Pujol. Diferents en la política i... diferents en la vida. En realitat sembla com si *Ell* hagués esdevingut un mirall on Jordi Pujol veu les pròpies mancances, no tant com a polític sinó especialment com a ésser humà, i aquest fet sembla que neguiteja el Molt Honorable. I, alhora, és com si en Pujol hagués esdevingut un mirall on *Ell* recorda, dia a dia, que no s'ha d'emmirallar, que ha de fer d'*Ell*...

I així, de la mà de la comparativa vital i política que el propi Pujol fa amb el seu successor, i *Ell* apostil·la, caminen els equívocs i els recels, alhora que es mostren, amb timidesa, els motius pels quals... s'admiren?... *Ell* assegura que sí. I Pujol? Admirar és un verb excessiu en la críptica gramàtica del Molt Honorable. Més aviat, els motius pels quals el respecta.

En una ocasió *Ell* dirà, *m'hauria anat bé tenir un tic com el d'en Pujol.* Estarà parlant de la seva caricatura al *Polònia*...

La llegenda, doncs, sembla confirmar-se i alhora desmentirse. Certament no són amics. Però tampoc no són enemics, ni adversaris, ni es fan la traveta mútuament, ni recelen *each other,* tot i que han protagonitzat sonores batalles al despatx presidencial. Especialment quan en Duran assaltava el poder convergent... No només són dos tarannàs obertament diferents, amb un capteniment cap al poder que els diferencia de manera definitiva. Quan rebi la pregunta frontalment, respondrà sense ambigüitats. *Sóc diferent d'en Pujol. Per exemple, jo pateixo molt amb el joc brut i les difamacions. A mi se'm pot fer mal. Però dissimulo, perquè la política no permet la feblesa.* Ni l'emotiva? *Especialment l'emotiva.* I afegirà, *sóc bastant més sentimental i vulnerable. Però sé protegir-me. La posada en escena no permet endevinar-ho.*

En Corominas ho reblarà: *És fonamentalment bona persona. No té la puteria pròpia de la política.* I, aleshores, qui va tenir la puteria per driblar les florentines maniobres d'en Duran per ser el candidat, convèncer en Pujol i guanyar la partida? El pinyol? Madí assegurarà,

> *la selva no és el seu entorn. És de regles britàniques.*

Però, hi ha disciplina més implacable que la disciplina anglesa?

La disciplina pujoliana... *Era dur manant, molt dur. Tenia la regla del tres. Et venia i et deia, 'Xavier* (en Trias), *això que t'has compromès, saps aquell tema, bé, doncs, digues que no'. 'Però, president, no pot ser, ja m'he compromès, és un problema...' 'Digues que no'. I havia de ser que no. Per què? Perquè et posava a prova. Posava a prova la teva fidelitat. Has de saber qui tens al voltant, que no t'aixequin la camisa, deia. En Mas no faria mai una cosa així. Controla d'una altra manera la situació.*

En algun moment d'aquesta comparativa, Francesc Homs confessarà, *he parlat molt més de dones amb Jordi Pujol que amb Artur Mas.* I Oriol Pujol completarà, *en Pujol és de la cultura del pit, i jo de la cultura del cul. Jo tallo cintura avall. Però, sí , en Pujol parla de dones i l'Artur..., de sexe.* I explica acudits verds! *Això sí, amb pudor, d'aquella manera d'ai, no és propi de mi...*

I en un altre moment, tots diran, *en una cosa s'assemblen molt. Els dos són igual de garrepes. Uns grans garrepes.*

Anys abans, Baltasar Porcel haurà escrit, a diferència de Jordi Pujol, *Artur Mas no és un polític, perquè al Mas, la política no li agrada...*

Afirmarà, bo i recordant la sentència porceliana, *en Porcel és l'únic que em va endevinar...*

Aleshores, si no és un polític, què és? *No és el mateix fer política que fer país. A mi em pot agradar, per exemple, ser un referent de valors a transmetre, però la política per la política, que he hagut de practicar molt i que practico i que no hi renuncio i sé que aquest és el terreny de joc, però jo, en aquest joc, en el fons, en el fons del fons, llevat d'alguns moments molt especials, no m'hi sento còmode.*

Temps després, a la Vall d'Hebron, en un míting multitudinari on serà entronitzat públicament com a candidat, Jordi Pujol dirà: *En aquests temps difícils, cal gent amb molta categoria. L'Artur la té.* I parlarà de la solidesa davant l'aparença, de la seriositat davant la frivolitat, de la preparació i el coneixement davant la improvisació. *Tot això en Mas ho té.* I rematarà: *No es pot fer política bona sense el sentit de compromís, aquell que es basa en l'honorabilitat.* Una estona abans haurà dit, en privat, *l'Artur té molta vida interior. Fins i tot en té massa.* Bo i dient-ho, la sensació de certesa, d'una rara sinceritat, és ben palesa: creu sincerament el que diu d'*Ell*. Per això l'admira i per això mateix en recela.

Algun dia caldrà deconstruir Jordi Pujol. Amaga sorpresa.

Cal concloure, amb les dades a la mà, que l'èxit d'Artur Mas, tant en el partit, com en la política catalana, implica el final del pujolisme? Tots els interrogats diuen que sí i que no, i que vés a saber, però que en Pujol és molt important, però que ara és un altre cicle, però que continua sent pujolisme, però que en Mas no és com en Pujol, però...

Xavier Trias diu, *Artur Mas és Pujol. Bé, no és Pujol, és molt diferent, però sí i no... Potser sí que s'ha acabat el pujolisme..., però sempre serem la seva herència.*

El propi Pujol remuga..., *no ho sé perquè no sé què és el pujolisme. Què és el pujolisme?*

Felip Puig rebla, *Artur Mas és el neopujolisme.*

L'herència patrimonial... Tanmateix, sembla que l'hereu ha decidit fer severes reformes a la casa...

I a la pregunta..., l'hereu en persona respon...

> *Sí, s'ha acabat el pujolisme.*
> *El pujolisme acaba amb en Pujol.*

VAIG MOLT EXCITAT PER LA VIDA

Picar pedra. El mercat de Martorelles (o de Sant Fost, perquè ocupa ambdues bandes de la frontera municipal) no és diferent de qualsevol altre, i el passeig d'*Ell*, com el de tots els polítics, s'acompanya d'una acolorida corrua de comentaris. *És el suplent d'en Pujol*, diu una dona amb poc interès, i un altre el repta, *a ver si pones mano a toda esa gente que está engañando*. Al bell mig del passeig, una senyora amb cara de pocs amics, se'l mira quan passa, *un altre gos d'aquests*, i remuga algun renec. *Quin gos li agrada?*, li etziba la mirada quan *Ell* ja ha passat. La pregunta l'agafa desprevinguda, però reacciona amb coratge. *Voto a Iniciativa. L'únic partit decent.* Ho diu al poble on els seus regnen i... han pujat el sou d'alguns assessors fins a un 38 %... Una dona se'l mira de fit a fit, *cómprame algo*, i li regala un somriure entremaliat. Assegura que té les millors verdures del mercat. Davant d'una paradeta d'herbes medicinals, el venedor de la qual se'l mira esporuguit, pronuncia una frase que faria les delícies dels seus adversaris polítics: *Què em recomanes per a la pressió alta, que vaig molt excitat per la vida?* Dies abans haurà parlat de la pròpia salut: *Adiro* per prevenir els problemes de cor i medicament per a la pressió alta. Hipertensió essencial. Res més. Les revisions mèdiques no presenten problemes.

Excitat per la vida. Hi va. Però no en el sentit d'excitació mental, sinó de ritme físic, amunt i avall, esclau d'una agenda que devora els dies i les setmanes amb una voracitat implacable. El ritme accelerat ha esdevingut una norma de vida. Diu que ho porta bé...

Menja sense excessos. *Menjar? M'agrada tot, normal, em cuido. Ah, odio la coliflor, l'odio. De petit plorava i tot, si n'havia de menjar. Però menjar, cap sofisticació. Em trobo de gust tant en una fonda de poble com en un restaurant d'autor.*

Què farem?, li pregunta un empresari rellevant, amo de l'empresa de tecnologia punta Benseny, que l'ha anat a saludar. La resposta semblarà de manual, *primer, retornar la confiança a través del bon govern.* Però no és una resposta de manual. Amb el temps, repetirà aquesta idea-força en àmbits molt diversos, i en la intimitat la convertirà en un concepte de fons de la seva filosofia de govern. *Hem de recuperar el prestigi de Catalunya a través de l'excel·lència. Hem de seduir els nouvinguts perquè som eficaços, perquè fem bé les coses, perquè som seriosos. La feina ben feta ha format part de la identitat històrica de Catalunya, és un dels nostres grans fets diferencials.* Setmanes més tard, al Pavelló de la Vall d'Hebron, ho etzibarà en públic. *Em subleva i m'emprenya trobar-me gent que està més motivada pels governs de fora que pel nostre.* I donarà el titular que, al dia següent, obrirà les cròniques periodístiques de l'acte:

> *Si volem una gran majoria, per a una gran majoria cal el govern de la millor gent, la més preparada, la més sòlida. Aniré a buscar els millors, encara que no siguin de CiU.*

Per rematar:

> *Si Catalunya suma, Catalunya pot.*

Però a Martorelles encara no suma, ni *Ell*, ni els seus. També a Martorelles, CiU ha guanyat dues vegades, i en cap de les dues governa. Una coalició d'IC (tres regidors) i d'uns escindits de Convergència (Units per Martorelles, tres regidors) van deixar CiU (quatre regidors) fora del govern, acompanyada a l'oposició de l'únic regidor socialista. *A la tercera va la vençuda*, diu als seus i s'ho diu. Però afegeix, amb un punt de sarcasme autoinfligit: *Clar que mai no hi ha dos sense tres.*

Vesteix de pana. *Casual.* De cap de setmana, sense concessions excessives. Ni deixat, ni empolainat.

El cotxe és un Audi A6. Com cada dia, té tots els diaris al costat del seient. La majoria de les vegades, en acabar el dia, no els haurà obert. En parlar-ne, dirà, *no llegeixo els diaris. Com a molt, em fan un resum del més significatiu. I el que sobretot no llegeixo, mai, són les crítiques destraleres, els atacs. Abans em ferien. Ara em rellisquen. Ni me n'assabento.* Quan, mesos més tard, vagi al programa *59'* de TVE, Sergi Pàmies escriurà a la seva columna de *La Vanguardia*: *Directo y rotundo, el candidato de CiU parece controlar mejor sus recursos expresivos y se muestra más como probablemente es, que como le han dicho que sea.* I en una conversa personal, Rafael Nadal, que formarà part dels directors de diari que l'entrevisten al programa, dirà, *domina com mai l'escena. És més Ell, més autèntic, sembla que està més solt.* Una desimboltura que alguns dels seus, com en Lluís, atribuiran als anys d'oposició. *Ens ha anat molt bé picar pedra dura. No sabíem què era fer oposició. L'Artur mateix venia d'anys de govern, i això genera un estil, una praxi de poder. Però quan va tocar terra, quan va estar a l'ombra, va començar a aprendre el que era el país, el territori, el partit. Tots n'hem après molt aquests anys. Molt.*

I sentenciarà Lluís Corominas: *La part bona de no estar al govern és la llibertat de fer moltes coses, d'escoltar, d'aprendre. Hem forjat un ideari allunyat del poder. La gran diferència de la CDC que ha reconstruït l'Artur respecte del vell partit és que ara tenim discurs.* Abans no teníeu discurs? *Abans teníem discurs de govern. És a dir, no teníem discurs.*

El discurs que segueix..., aterra en el territori i en les cuites que el sacsegen. Després del mercat de Martorelles, l'ermita de Sant Cebrià de Cabanyes acull l'escenari improvisat d'una roda de premsa sobre la B-500, la infraestructura que ha d'unir el Vallès Oriental i el Barcelonès Nord, i que es tem que serà de peatge. *Havia de descentralitzar Barcelona, i ara resulta que serà de peatge.* Ho diu el dirigent convergent Feliu Guillaumes, sota un sol furibund que fa regalimar una intensa suor per la seva notable massa corpòria, i el seu no menys notable trajo negre. I aleshores enfila el reguitzell d'incongruències del govern tripartit. Havien promès treure peatges, i en posaran més, la Tura pitava amb el cotxe, els d'IC cantaven «que pagui Rita», tots es declaren ecologistes, i han escollit el traçat amb més impacte mediambiental, un traçat que parteix el territori, destrossa una vall preciosa —i gairebé única a la zona— i no enllaça amb la C-17 i la C-33. Diu *Ell, no pot ser que IC tingui el 10 % dels vots i paralitzi Catalunya.* Bracons, Eix del Llobregat, Quart Cinturó, la pròpia B-500..., projectes paralitzats o pitjor dissenyats... I aleshores promet, a favor de la B-500, però amb un mínim impacte i lliure de peatge. *No és una via d'accés a Barcelona. És una via de descongestió de Barcelona.*

Si governa, caldrà recordar-li aquestes paraules.

Deia Abraham Lincoln: *Nearly all men can stand adversity, but if you want to test a man's character, give him power.*

Gairebé tothom la pot suportar, l'adversitat... però per provar el caràcter d'un home, doneu-li poder... La pregunta és ha tingut poder, *Ell*, quan governava amb en Pujol? O serà ara, si arriba a governar, quan demostrarà què entén per exercir el poder? Tanmateix, l'enfrontament amb Josep Vilarasau, quan *Ell* era conseller d'Economia, donarà una idea del que entén per poder...

De moment, a Sant Cebrià, es compromet a frenar el despropòsit de destruir la Vall de Cabanyes, i el seu capteniment sembla sincer.

Les preguntes dels periodistes locals naveguen pels eixuts viaranys de la llei electoral i, durant una estona, les respostes són previsibles, previstes i conegudes. *Difícil aconseguir en vuit mesos el consens que no hem aconseguit en 30 anys.* Però... *La política és l'art de fer possible allò que és necessari.* I per què no ho varen fer possible quan ells governaven? Mesos més tard, quan la llei electoral ja estigui definitivament enterrada, dirà, *difícil posar-se d'acord, perquè els interessos dels partits no són els mateixos, uns dels altres.*

Constitucional, *si un Tribunal no pot o no sap fer la seva feina, ha de dimitir.* Economia, *Catalunya lidera la destrucció de feina.* Auditories Palau..., *quan hem sabut que en Millet no tenia poders, la Fundació Trias Fargas ha decidit fer una donació al Palau...* I aleshores una frase per als inculpats del cas Pretòria, després d'assegurar que *imputar* no vol dir *culpar*:

> *La presumpció de culpabilitat ens porta al Far West.* Amén.

Al cotxe sorgirà una conversa breu sobre la creença en Déu. *Ets religiós?* I *Ell* dirà, *sí. Ni me n'amago, ni en presumeixo.*

Mesos més tard dedicarà molta estona a explicar què és per a ell creure.

I de la roda de premsa, a l'acte amb la gent de Sant Fost, acompanyat del diputat Jordi Turull i d'un dirigent local, que ve vestit de primera comunió. A la sala, 150 persones entregades, embadalides, deleroses de sentir-lo. Triomfarà quan es comprometi de forma rotunda: *Recordeu el dia d'avui, 14 de novembre de 2009! És el dia en què em comprometo, amb vosaltres, que no hi haurà peatge a la B-500, si jo governo i hi arribo a temps.*

Però abans de triomfar sorollosament, i molt abans que una senyora riallera i coqueta li etzibi un *ets el Kennedy català*, s'haurà presentat amb un leitmotiv que arrela en la ferida més profunda de la seva imatge pública:

> *Em veieu, però no em coneixeu.*
> *M'escolteu, però avui parlareu amb mi.*

És una idea inquieta, constant, recurrent, obsessiva... Convençut que la imatge que es projecta d'ell és una injusta —i a l'inici, intencionada— distorsió de la seva personalitat, també està convençut que només pot guanyar en la distància curta, persona a persona.

Com lluitar contra la desconfiança que genero en aquells que em veuen com l'estereotip que hi ha de mi? Només hi ha una fórmula: donar la cara.

A les escenes de sofà, al seu despatx, a soles, en parlarà molt, d'aquesta distorsió de la seva imatge. Ho farà dolgut, ho farà emprenyat, ho farà sense reconèixer-se en l'estereotip que li han construït. *La intenció era introduir la sensació que això del Mas només era un producte de laboratori, i que l'havien cuinat, que l'havien preparat uns quants altres, entre ells, òbviament, en Pujol, la família, en Madí, els que em convidaven a tot arreu, i jo era simplement un element mecànic que em dedicava a transmetre les ordres que se'm donaven des de fora, com si fos una mena de titella, comandat per uns fils i que els que movien els fils estaven òbviament molt lluny de l'escenari, com passa amb els titelles, que els que mouen els fils no surten a l'escenari.* Parlarà del *Polònia*, parlarà del madelman, parlarà del robot, parlarà del nen ric de casa bona. I parlarà de la travessia pel desert, d'Ítaca, de la resistència...

Parlarà de tot. I ho farà amb dolor.

A l'acte de Sant Fost explica l'anècdota d'un avi de 90 anys, de la Palma de Cervelló, molt alt, que es va aixecar per saludar-lo. *Expliqui'm el secret d'haver aguantat tant.* El secret? *Artur, el secret és haver aguantat moltes putades a la vida.*

Una frase tanca l'acte. *El futur no és un regal. És una conquesta.*

Quan, dies després, els apunts del recorregut amb *Ell* s'acomoden, amb un cert caos, al voltant de l'ordinador, l'avi de Cervelló adquireix una nítida presència. Certament, *Ell* té la convicció que li han fet moltes putades, i no ho interpreta en un sentit polític, sinó gairebé com una cacera personal, com una maldat dirigida a destruir-lo. Tot el seu entorn sent, de la mateixa manera, els darrers anys viscuts. Estranyament, tant *Ell* com la seva gent, semblen no entendre les males arts de la política, quan la guerra pel poder es desferma. No les entenen, o... no les entenen quan les pateixen ells. Ètica o cinisme? En qualsevol cas, és cert que *Ell* sembla regir-se per una disciplina moral estricta, i que no porta gens bé la lògica bruta de la guerra política. Tot gira al voltant d'un cert aire de martiri. Però també és cert que sembla un home que pateix les putades que li fan però que..., no té tendència a fer putades.

Resistència... És el camí d'Ítaca, el poema que escriurà al revers de la invitació d'un homenatge a Pere Ribera, l'*alma mater* de l'escola Aula. L'escriurà amb atenció, de memòria i, quan l'entregui a qui l'observa, dirà, *això m'ha acompanyat en la travessia del desert. Jo sóc el que has vist... i aquest poema.*

DÉU I LA MORT

La primera conversa, al cotxe. Les següents, al despatx. En totes, sentiment dens, profund, autèntic.

La racionalitat i l'esperança, el dubte i el desig, en aquestes dualitats es mou el seu sentiment envers el concepte de transcendència. Déu, no pas com a coartada per camuflar la por de la mort, sinó com a esperança davant la mort; no pas com a excusa per no fer-se preguntes, sinó com a resposta a les preguntes que no tenen excuses... Tradició? En parlarà, però la tradició no haurà marcat el seu sentiment místic, més enllà de la nostàlgia.

... dijous sant, a veure monuments a dues o tres esglésies, i divendres sant bacallà amb pèsols, carxofes i ou dur. La mare encara ho fa...

No es tracta d'un Déu dogmàtic, *les meves creences no formen part de l'aparador.* No és una idea irracional, *hi ha d'haver una continuïtat a la vida, potser una continuïtat còsmica, no sé, formar part de l'univers, estirar d'algun fil...* No parteix de l'ortodòxia, *m'interessa la mirada racional i mística alhora. Per exemple, els científics que s'interroguen sobre Déu, l'origen de l'univers, l'origen de les persones.* I aleshores recomana un llibre amb vivesa, convençut: *Coneixes* La història més bella del món? *Gent avesada a les fórmules químiques i a la física, interrogant-se sobre Déu...* No hi ha dubte que Hubert Reeves l'emociona.

En aquest moment de la conversa, intercanvi de cites. *Ell* recorda de memòria: *Un biòleg va dir, 'quan menys es creu en Déu, més es comprèn que altres hi creguin'.*

I repica: *Un Nobel de Medicina va dir, 'Déu, tan proper als que saben estimar, s'oculta a aquells que només volen comprendre'.* I els que volem comprendre i estimar alhora? *Potser voleu comprendre massa.*

Qui l'observa i hi dialoga, contraataca: *Va assegurar Louis Pasteur, 'una mica de ciència t'allunya de Déu; molta ciència t'apropa a Déu'.*

L'entusiasma la frase. *Com, repeteix-me-la, ho veus?, d'això es tracta, déu i ciència, raó i dubte. Ei, que jo en tinc molts, de dubtes, molts, però tinc també molta esperança. Pilar, hi ha d'haver alguna cosa més enllà...*

Artur, alguna vegada pregues? Resposta immediata, sense titubeigs: *Sí, a vegades. Però només em sé una pregària de veritat, el Parenostre. Ep! I només la sé en català, ni en castellà, ni en francès, i això que vaig estudiar de petit en francès, al Liceu, però només me la sé en català.* Alguna vegada abans d'un míting, d'un fet polític rellevant, d'unes eleccions? *Mai, mai! Seria..., no, mai, quin horror!*

I explicarà un dels recursos quan, a Madrid, li fan entrevistes i li parlen del català en termes despectius. *Els dic, escoltin, quan de petit t'has comunicat amb els teus pares en una llengua, els primers mesos de la teva vida, has rigut en aquell idioma, t'han cantat cançons de bressol en aquell idioma, t'han explicat contes en aquell idioma i quan has après les primeres oracions en aquell idioma, aquest és el teu idioma.*

Inevitable recordar la frase de Pla, *el meu país és aquell que, quan dic bon dia, em responen bon dia.*

I la mort?... *M'emprenya. Hi poso distància, amb aquest pensament, molta distància.*

De la mort a l'amor. En parlarà llargament i oberta. La seducció, l'enamorament, el sexe... Serà en la mateixa conversa que haurà començat parlant sobre Déu, però aleshores no hi haurà dubtes. Hi haurà, més aviat, moltes certeses...

PARÈNTESI

Una frase de Lluís Corominas, bo i parlant de les setmanes prèvies al congrés d'octubre de 2000, quan havia de ser ratificat com a secretari d'organització, amb Artur Mas de secretari general de CDC. Passava el temps, s'apropava el congrés i no li deia si comptava amb ell. La frase d'en Lluís:

La confiança te la demostra amb el seu silenci.

L'afegitó de David Madí, *ell et deixa fer i et dóna llibertat. No és com en Pujol.* I rebla el clau:

L'escena de sofà d'en Pujol no forma part del seu estil.

El de Felip Puig, *fa escenes de sofà, però molt poques, i són més autèntiques.*

Dies després, Xavier Trias ho confirmarà, *en Pujol feia grans escenes de sofà, i si no en feia, els consellers anaven de bòlit, que ja no m'estima?, que ja no confia en mi? L'Artur no fa mai escenes de sofà. Però si t'ha de tallar el cap, no tremola. Recorda el pols amb en Vilarasau...* Caldrà recordar-lo...

LA HISTÒRIA ECONÒMICA DE CATALUNYA ENS CONTEMPLA

A la seva salsa. No hi ha dubte que és un home d'empresa i que l'economia és el terreny que trepitja amb més força. Per això mateix, allà on els interlocutors són gent d'empresa, desenvolupa algunes de les seves millors arts dialèctiques, segur de l'experiència personal i del model que defensa. Mesos més tard d'entrar per la porta noble del gran edifici de la Llotja on ara es troba, convidat pel Consell General de Cambres, definirà així el concepte d'empresa a un sindicalista aguerrit que l'interpel·larà en un acte de l'entitat gallega Saudade, en ple Horta: *Manolo, ¿verdad? Manolo, yo hablo de empresas, no de empresarios. Y una empresa es un lugar donde confluyen empresarios y trabajadores.* I després de defensar el model capitalista —*¿cuál es la alternativa?*—, dirà:

> *La empresa es el bien a proteger.*
> *O protegemos el concepto empresa o nos cargamos el concepto trabajo.*
> *¿Quién creará trabajo? ¿La administración?*

Apaga y vámonos, respondrà irònicament el president de Saudade, Ernesto Lagarón, per reblar el seu clau. A la presentació, davant de la junta de Saudade, l'Ernesto haurà dit, *las entidades estaríamos mucho mejor con Artur Mas en el Govern. No puedo mojarme más.*

Al Consell de Cambres ningú no li posa en qüestió el capitalisme. Probablement animat per saber-se en terreny amic, li surt la vena èpica i, bo i contemplant el magnífic saló que l'acull, deixa caure una frase napoleònica: *La història econòmica de Catalunya ens contempla des d'aquest saló daurat.* No són quaranta segles d'història, però certament està contemplant la piràmide del batec econòmic del país, les tan influents, generalment porugues i massivament discutides Cambres de Comerç. Al voltant seu, el president del Consell de Cambres, Miquel Valls, i, per ordre, la resta de noms propis del poder *cambril*, tots ells amb posat circumspecte i amb aquell aire de superioritat indiferent que tan sovint retrata el poder econòmic. A l'altra banda de la presidència, bull el territori comanxe dels tècnics —*som els decoradors*—, que mantenen una mena de conversa alternativa, farcida de comentaris sorneguers i una mica fatxendes. Un d'ells fa una pregunta, pel sotabigoti, mentre Miquel Valls va desgranant el seu discurs de benvinguda, *crisi preocupant sistèmica, no estem fent els deures, altres com Navarra, País Basc, Madrid, sí que fan els deures, no al pessimisme, errors de fons...* Pregunta del tècnic: *Vostè està conforme amb l'existència de les Cambres de Comerç?* Però és una pregunta impossible, perquè ni el tècnic té cap possibilitat de formular-la, ni el president no li dóna la vènia. Queda a l'aire..., de manera que algun dia caldrà fer-li la pregunta.

El diàleg continua pels camins previsibles, Madrid-Catalunya, corredor mediterrani (*si guanyem, prioritat número U*), desconcert de les polítiques d'en Zapatero, dèficit de confiança, mercats nerviosos, impost de successions, inevitable recordatori dels seus anys com a conseller d'Economia, però, sobretot, com a directiu de l'empresa privada, *saber què volen dir els comptes de resultats...*

(Reflexió interior, mentre *Ell* parla, mig apuntada en el menú del dinar que ens ofereixen):

No deixa de ser xocant que la immensa majoria dels actuals dirigents polítics del tripartit no hagin estat mai ni empresaris, ni treballadors, tots ells provinents de les clavegueres insidioses dels partits, allà on els títols de comissari polític, pilota, conspirador i prodigiós en l'art de la traveta, tenen més punts que haver fet una carrera. Des de Carod-Rovira fins a Saura, passant per Montilla, la seva vida *laboral* s'ha mogut unidireccionalment pels camins tortuosos de la vida dels partits polítics, cosa que els converteix en autèntics extraterrestres del món laboral. Cosa semblant al que passa amb la majoria de dirigents sindicals, que no saben què significa ser treballador, però parlen tot el dia de treball. El més curiós és que tots aquests funcionaris de la política s'han afartat de criticar el pas d'*Ell* per l'empresa privada, quan aquest hauria de ser un valor preuat. I han tingut un cert èxit.

Dies després, per exemple, al dinar de la Penya Carlos Rodríguez, integrada per gent d'empresa, un dels interlocutors li dirà justament això, que és un problema per ser polític haver estat a l'empresa privada. Com no pot ser altrament, *Ell* dirà que en presumeix. Al cap i a la fi, com bé diu, *Ell* sap què significa ser a l'altra banda del taulell. Però, els altres? Els altres saben, bàsicament, què significa fer la pilota al quefe, o com es talla el cap d'un dissident, o quines maniobres resulten útils per dominar la jerarquia d'una llista electoral. Són professionals de l'especulació de la política, però mai no han estat artífexs de l'economia, ni com a empresaris, ni com a treballadors. És a dir, l'únic art que dominen és l'art del complot. Cosa que explica moltes coses...

També el seu partit està farcit d'especuladors de la política i de reis en l'art de la conspiració. Probablement per això, quan Lluís Corominas es presenti a ell mateix, en un dinar privat (privat?) al Parlament, la presentació serà així de peculiar: *No sóc FNEC, no sóc JNC, vaig entrar en política sortint d'un partit de bàsquet, on un company em va dir si volia anar a una reunió de CDC. Era feliç com a advocat i quan vaig acceptar ajudar en les llistes de Castellar del Vallès, només pretenia donar un cop de mà. I ja veus, alcalde de casualitat —per fallida tècnica d'un alcalde amb problemes...—, i així va anar passant. No provinc del partit. Jo sóc* municipalero. Municipalero *no barceloní ni del Baix Llobregat. I amb les filles a l'escola pública. És a dir, exerceixo d'home normal.* L'home *normal* també assegura que han fet una remodelació profunda del partit, han regenerat càrrecs, han posat gent jove a les direccions, i han reinventat el partit que varen heretar. *Renovació de totes les llistes, al 2003.* Això vol dir que ja no hi ha franquistes a les files de CDC? *Vol dir que la majoria de quadres són nous.* I afegirà que el partit els ha aguantat, que tot i quedar fora del govern han aconseguit fer més de 900 llistes, que quan estaven al govern tenien un partit que anava més desllorigat, amb un líder que no s'hi dedicava gaire (de nom Pujol?), i que ha estat l'oposició la que els ha permès construir un partit sòlid. *Sòlid i regenerat.* I dirà:

> *Si l'Artur no hagués tingut cura del territori, no aniria enlloc.*

Ara és un tio estimat. Però després d'en Pujol, molts el veien com un titella, i no només els adversaris, sinó dins el partit. Hi havia molta feina a fer. Reconstruir el partit, regenerarlo, pujar l'autoestima, posar gent jove. *Mira els caps de llista que presentem, a Figueres, en Santi Vila, que té 37 anys. A Lleida, l'Albert Batalla, que en té 32. A Valls, l'Albert Batet, de 30. A Tortosa, en Ferran Bel està a la quarantena, com en Carles Puigdemont de Girona o en Juli Gendrau de Berga. I en Miquel Buch, de Premià, Premià, fixa-t'hi, un alcalde convergent a la Premià socialista!, doncs en Miquel, que en té 32. I tot aquest canvi generacional, tot, l'ha fet l'Artur Mas. Mira, Pilar, aquells que volien segar-li l'herba dins del partit i deien que l'Artur no acabava de..., doncs ja s'ha acabat. Han descobert que l'Artur és consistent, metòdic i accessible. I ara el segueix tot el partit.* No ho era en Pujol? *No. En Pujol era..., en Pujol era en Pujol.*

A la sala daurada de la Llotja, la conversa es desenvolupa sense gaires sorpreses. En un moment determinat, picabaralla elegant, però contundent, al voltant de la B-40. *Els de CiU no vàrem signar el pacte d'infraestructures perquè el Quart Cinturó no estava resolt. De fet, està aturat. I ens vam quedar fora de la foto. Vosaltres no. Vosaltres vau córrer a signar el pacte. Ara què fareu? Vau voler la foto i el pacte, i ara no teniu el Quart Cinturó.*

Un tècnic comenta, divertit, *els acaba de fotre un 2 a 0.* I *Ell* continua, *aquest és el govern que tenim. Els d'IC diuen que no governaran amb ningú QUE FACI el Quart Cinturó. I els del PSC diuen que no governaran amb ningú que NO FACI el Quart Cinturó. I governen junts! I vosaltres us feu la foto...*

Un apunt interessant sobre morositat. *Us puc parlar molt clar? El perill de la llei que presentem contra la morositat, no el tenim amb els sindicats, sinó amb grups de pressió molt importants de tipus financer.* Qui?, preguntarà algun innocent. *Es diu el pecat, però no el pecador. Només us recordo una dada. Tenim 90 mil milions mobilitzats per les caixes. Només amb 30 mil milions resoldríem la liquidesa del conjunt de les administracions.*

I així avança una conversa còmoda, on triomfa gairebé sense baixar de l'autobús, i on la frase estrella serà *Zapatero no és actor de la crisi, és un simple espectador, un notari.* Al bell mig haurà explicat una anècdota demolidora. Un partit liberal holandès, en la reunió de Partits Liberals Europeus que ha tingut lloc a Barcelona, truca a la porta de CDC, interessat per l'atur juvenil. *Ens sentim afalagats. Volen el nostre criteri!* No. El que volen és saber què fem aquí per fer justament el contrari i així no equivocar-se de camí. A Holanda, l'atur juvenil és del 6 %. A Catalunya, del 36 %... Aquesta anècdota l'explicarà a l'acte amb joves a la Pompeu Fabra, a la trobada amb els gallecs, a la visita a diverses empreses, al dinar a Santa Coloma, etcètera, com explicarà arreu que *Ell* ha estat a l'altra banda del taulell, i sap què és un compte de resultats... Certament, en un país normal, això seria un mèrit. Ho és a Catalunya? Si més no, ho és al Consell General de Cambres, que l'acomiada amb indissimulada satisfacció. Ha triomfat. I ho ha fet permetent-se renyar-los, cosa que representa un doble triomf. No hi ha dubte que, quan està amb interlocutors econòmics, és un calamar en la seva salsa.

A LA PENYA, NO HI ENTREN DONES

A la Penya Carlos Rodríguez, les dones no hi entren. Els homes que la integren s'anomenen a si mateixos la penya VIB, *viure i bé*, i la plantegen com una mena de txoco gastronòmic traspassat a la Verneda, on cuinen, xerren, beuen i es passen aventis. Per això mateix, l'entrada d'una dona a la penya provoca una conya generalitzada, floretes, brometes —*estàs molt bé de rossa; molt millor que a la tele; les del PP són les guapes*—, i altres comentaris acolorits, tots vinculats, evidentment, a la intel·ligència femenina. No cal dir que la cronista ho porta amb l'estoïcisme propi de protagonitzar la cançó del *qué hace una chica como tú en un sitio como este*. *Ens encanta que vinguis*, assegura el que exerceix de president. Advocat laboralista, 25 anys al càrrec. *Més que en Pujol,* li respondrà *Ell*. Amablement, doncs, han obert les portes del seu món de mascles alfa *a la... Pilar Rahola!*, i l'alegre dinar s'inicia amb la previsió d'una estona desenfadada, que permetrà a un grup de senyors amb possibles explicar a les parentes que han dinat amb l'home que aspira a presidir la Generalitat. Però l'estona, que es preveia relaxada, s'accelera ben aviat, quan la primera intervenció alça la veu i la clava, directe a la jugular. *Polític de màrqueting; bellesa-ficció; polític sobrevingut; frivolitat... On són els teus mèrits? No els percebo*. L'empresari que li ha enviat els *carinyos* es presenta amb les cinc empreses que posseeix a la boca, *sóc un empresari d'èxit i voto al PP*, i a la sala, els notaris, magistrats, resta d'empresaris, corredors d'assegurances, advocats, professors, un gerent d'una empresa de vins, un jubilat (*vinc aquí per no anar al menjador social*, assegura amb sorna), un enginyer que ho té tot (*dona, feina, hipoteca, i també por de perdre-ho tot*), i el dirigent comercial i peixater Alejandro Goñi, tots ells, comencen a paladejar amb delit. Més de cent anys més tard, doncs, el rus Ivan Pavlov torna a demostrar, en un local perdut de la Verneda, la seva famosa *llei del reflex condicionat*, coneguda popularment com a *Efecte Pavlov*: Just abans de devorar la peça política que tenen al davant, tots ells ja comencen a salivar.

Polític de màrqueting; bellesa-ficció; polític sobrevingut; frivolitat... No hi ha dubte. L'empresari del Maresme ha disparat en una de les ferides que més li dolen, i la resposta ocupa gairebé tot el primer plat, delerós de fer efectiu el seu propi lema:

M'agrada ser menys lloat a canvi de ser més conegut.

I comença. *La majoria no em coneix. Una vegada m'ho va dir en Pujol, tu no acabes de ser del tot simpàtic, ets distant, i hauries de veure què hi fas. Què hi puc fer? Només puc ser autèntic. Així li vaig respondre a en Pujol. De fet, ell tampoc no s'ha deixat aconsellar gaire, en aquest terreny. Li van posar uns assessors d'imatge i els va fotre tots fora, i amb el mateix argument. Mira, Pilar, jo sóc força tímid, tot i que ho he anat dominant amb el temps, no puc enganyar la meva pròpia personalitat.* Tornarà a sortir l'aspecte físic. *Hi ha una cosa que no puc canviar: la meva cara.* I repeteix la idea de sempre, *si tingués un tic, però no el tinc. I com que no tenen res, ho agafen per aquí, per la meva cara.*

Guapooooo!, se sentirà en el subconscient col·lectiu.

I aleshores enfila la idea que penja del *Guapoooo!*, la idea del madelman. Com li van crear una imatge robòtica, de titella, on apareix com un tipus prepotent i *guaperes*, sense suc ni bruc, posat a dit per en Pujol. *Cert. En Pujol posava tothom a dit. Però també és cert que quan em van promoure, en Pujol no hi va intervenir. El 99 em va anar d'un pèl que ho fos. Vaig estar a punt de no ser el candidat. Si en Pujol s'hagués posat en contra meva, no seria aquí.* Els detalls de tot el procés, amb el paper de *la seva gent*, conformarà, temps més tard, la sucosa conversa que caldrà relatar. Però a la Penya Carlos Rodríguez no hi dóna detalls. Només diu, *mirin, porto dues eleccions guanyades, sis anys a l'oposició posant jo la cara. I a qui volen que fuetegin?, doncs a mi. Però, passada aquella etapa, ens ho hem guanyat solets. Solets. Nosaltres hem anat a l'oposició sense res, hem après a ser oposició, i això qui ho ha liderat? Jo, ei!, em tocava, però ho he fet.* I dirà:

> *Si arribo a ser president, canviarà la imatge que hi ha de mi.*

Inevitable recordar l'expressió sobre Nicolas Sarkozy que va usar el setmanari francès *L'Express* i que Yasmina Reza cita en el seu llibre: aquesta *authenticité antipathique*. Sí. És autèntic. I és antipàtic que sigui tan autèntic.

Al segon plat, la penya continua amb l'alegria fatxenda de l'inici, i apareixen tots els llocs comuns, el descrèdit de la política, el notari, l'estatut, la llengua, la independència...

Sobre el notari dirà, *gran error. Una immensa ficada de pota.* Serà un dels temes espinosos, un relat que explicarà, més endavant, amb detall. El descrèdit de la política és una de les altres llagues que el fereixen. Per això mateix, encapçala la seva resposta amb un lament.

Cada dia és més difícil fer política.

I ho explica. *Us ho explico. Avui, per exemple, un dia en què tenim les darreres dades de l'atur i l'espectacle de la baralla interna del tripartit sobre l'impost de successions* (aquí també l'hi preguntaran, com arreu on vagi: *Sí, treuré l'impost de successions. Ja ho vaig prometre en l'altra campanya, però..., no us vau prendre la molèstia de llegir el resum del programa que vaig enviar a les cases. Era un dels 21 punts, estava escrit ben gran, TREUREM L'IMPOST DE SUCCESSIONS), avui, doncs, de què em pregunten els periodistes? De la crisi? Dels merders del tripartit? De política? No. Em pregunten només sobre Pretòria. I tot perquè dues dones que no tenen res a veure amb la política* (és el dia que les dones d'en Macià i en Prenafeta han estat cridades a declarar davant Garzón) *han anat als jutjats. I jo he de donar la cara!* I aleshores posa l'exemple del Barça. *S'imaginen que dos socis del Barça, que fa 15 anys que ni van a les assemblees, són imputats en un cas, i resulta que és el president del Barça el que ha de donar explicacions? Això no té cap sentit!* I remata,

la política no té unes espatlles prou amples per aguantar tot això.

Dos socis del Barça que fa 15 anys que no van a les assemblees... Hàbil comparació, però..., amb un cert parany. Macià Alavedra i Lluís Prenafeta no foren dos socis desvagats de CDC, que anaven a veure els gols de Pujol. Foren el nucli dur del pujolisme, esglaons fonamentals de la cadena del seu adn. *Tu no saps res del que és la Generalitat, Lluís. Mira, en aquests moments, la Generalitat som tu i jo. Ningú més*, li hauria dit Jordi Pujol a Lluís Prenafeta, tan sols arribar a la plaça de Sant Jaume. Prenafeta fou el Rasputin del pujolisme, l'home que va treballar a l'ombra i amb ombra, i les seves moltes ombres han empastifat la seva biografia, tant com han engrandit la seva llegenda.

I si en Prenafeta fou Rasputin, Macià Alavedra fou una mena de totpoderós Madoff (òbviament, a l'època del seu èxit econòmic i abans de conèixer l'estafa) que movia els fils de la seva influència i feia ballar sardanes al món empresarial català. Ningú no era ningú si no passava pel despatx de Macià Alavedra. *Pletòric. De tracte molt agradable. És amb la persona amb qui he passat els moments més divertits de la meva vida. Irònic. Amb una aroma de polític de primer ordre.* Això diu Lluís Prenafeta d'en Macià en el seu llibre de memòries. I, certament, després de tots els seus anys de poder, podríem dir que, sobretot, en Macià era *divertit*... Si és que al poder gairebé absolut que va acumular se'l pot considerar un divertiment...

Dirà David Madí, tot relatant els seus primers dies a la conselleria d'Economia, com a cap de gabinet d'en Mas, quan aquest va substituir en Macià: *Economia funcionava sense cap de gabinet, i sense cap organigrama raonable. En Macià era com era, les secretàries eren més que secretàries, els directors més que directors, els caps de premsa eren amics*... El *padre padrone* de l'economia del pujolisme funcionava com una família...

Potser *Ell* té raó. Només són les dones de dos socis del Barça anant als jutjats. Però aquests socis..., foren socis fundadors del club i varen ser durant dues dècades els homes amb més poder de l'univers pujolià. Alguna cosa ha de dir l'home anomenat Artur Mas, per molt que li pesi. Talment alguna cosa ha de dir l'home anomenat José Montilla del seu amic íntim Bartomeu Muñoz. Perquè el sumari de Garzón no només ha *tocat* socis d'un club, a banda i banda dels dos grans partits catalans, ha ficat el punxó al cor mateix del seu univers polític i personal. Estranya coincidència, Pujol i Montilla, Montilla i Pujol, ambdós adversaris polítics amb els amics íntims a la garjola. El destí tendeix a la ironia.

Però la penya no sembla tenir interès en les dones dels inculpats, i ningú no el posa en cap compromís en aquesta matèria. Els ítems que segueixen són els previsibles, amb l'economia i la llengua com a eixos centrals de preocupació. Sobre la llengua, interpel·lat amb una certa duresa, no dóna la seva millor resposta. Estarà molt més fi i, sens dubte, més clar, a la reunió de Saudade quan, a una dona que li pregunta per la *dictadura lingüística catalana*, *Ell* li respondrà de manera rotunda, compromesa i precisa. *Vostè segur que no em votarà després del que li diré*, li etzibarà només començar a respondre. Serà mesos més tard. Però a la Penya Carlos Rodríguez intenta ser més conciliador, dóna més voltes que un molí de vent i acaba fent el sermó de la muntanya. No convenç cap dels no convençuts en la qüestió lingüística, però deixen escapar la peça viva, tal vegada perquè l'home anomenat Artur Mas encara no està sent lloat, però comença a ser conegut.

Un dels penyistes li demana una definició de si mateix, una mena de jerarquia de les seves fidelitats ideològiques. *¿Qué eres y en qué orden, independentista, catalán, monárquico, español, republicano?* Respondrà: *La més important falta.* I aleshores es definirà a si mateix:

> *Primer català, després catalanista i finalment convergent.*

Mesos més tard, al programa *59'* de TVE, preguntat per Cristina Puig, completarà la definició: *Ser de CiU és una manera de ser catalanista. I ser catalanista és una manera de ser català.*

El dinar acaba, finalment, i la satisfacció baveja a l'atmosfera. Els mascles alfa se senten feliços d'haver compartit una estona amb l'home que, majoritàriament, creuen que serà president de la Generalitat. Ja tenen unes quantes grandeses per explicar a les seves dona beta. La masculinitat, per una estona, ha quedat satisfeta.

LLEGENDES URBANES: TERCER APUNT

Guapooo!

Polònia. *Polònia* és una ferida oberta, una llufa penjada a l'esquena, sense possibilitat de ser arrencada. Òbviament, *Ell* dirà, per activa i per passiva, que respecta la llibertat del programa i dels humoristes que el fan. Que troba sa que hi hagi sàtira política i que no té res a dir. Però el *Guapoooo!* l'acompanya allà on va, i li dol tant com reconeix als altres, i més del que es reconeix a si mateix. Fins i tot, en ocasions, són els propis fills els que hauran aguantat el *Guapoooo!* al seu pas.

El fereix...

Perquè és demolidor?

No. Perquè ho creu injust.

Ho portes malament? *Dona, ho porto malament en el sentit que... és a dir, m'emprenya... Parlant clar, m'emprenya que se'm vegi d'aquesta manera, perquè jo crec que no sóc així.* I la conversa amb *Ell* sobre el *Guapoooo!* es desenvoluparà d'aquesta manera:

P. R. *Voldria saber què sent l'home anomenat Artur Mas, que té uns fills, una dona, una família, quan veu que la seva imatge té un deix de prepotència, d'una certa* pijeria, *de distància amb els ciutadans. Què sents amb això?*

A. M. *El que em sento, bàsicament, és no reconegut en aquesta imatge. Per a mi és una imatge irreal, és una imatge fictícia. Sóc conscient que existeix, en la mesura que la percepció pot ser aquesta, en part interessada i en part real. Sóc conscient que això és d'aquesta manera, i jo intento lluitar contra això, però sempre intento lluitar sense fer comèdia, ni a base de lluitar-hi aferrissadament, obsessionat per això.* No, *intento lluitar a base de la meva naturalitat, de la meva autenticitat, la meva, per bé i per mal, això cadascú ho pot jutjar a la seva manera. Així ho porto.*

P. R. *Però fixa't que el* Polònia, *per exemple, hagués pogut fer la caricatura d'un titella, que era la primera idea que circulava sobre tu, i en canvi ha fet la caricatura d'un* guaperes, *d'un fatxenda.*

(Així era a l'inici, quan Toni Albà, al *Set de notícies* del Terrat, una mena d'antecedent del *Polònia*, construïa el personatge com un robot.)

A. M. *Al final ha acabat així. Jo sóc conscient que, la meva imatge física no acompanya gaire, això és veritat, no acompanya en el sentit que...*

P. R. *T'empipa no ser lleig?*

A. M. *No és que m'empipi. Això seria falsa modèstia.*

P. R. *La maledicció de ser guapo... Et seria més fàcil per a la política ser lleig?*

A. M. *Crec que això no va lligat, però és cert que els trets físics no m'han ajudat en la política. Combinats els trets físics amb la meva manera de ser, és a dir, aquesta..., això ho dic amb tota la crueltat respecte de mi mateix, però aquesta simbiosi de dir és guapo i a més a més té aires de ser el primer de la classe, aquesta doble imatge, doncs és letal.*

P. R. *T'ha fet noi repel·lent.*

A. M. *Sí, és clar. I a més a més és letal en un país que no tolera ni l'èxit ni el sobresortir, ni res de tot això. Aquest és un país que es defineix per un cert pudor a sobresortir, a fer-se notar...*

P. R. *Per tant, et castiguen per ser brillant?*

A. M. *Jo no crec que se'm castigui per ser brillant. És la combinació d'aquestes dues coses que deia, trets físics, més una persona que suposadament és d'èxit, suposadament...*

P. R. *Que fa els deures, diguem-ne...*

A. M. *Que a més a més fa els deures, i que es pensa no se sap què, clar, tot això és massa triomf, és massa victòria i en aquest país això de massa triomf... Que després és un triomf irreal, perquè jo les he passat putes com molta altra gent, com molta altra... Segurament menys putes que molts, i alhora més putes que molts altres que teòricament poden passar per haver-les passat fotudes. El que passa és que no n'he fet mai exhibició, de les coses que no m'han sortit bé, que són moltes a la vida, vaja, que no m'han sortit bé. Coses que he hagut de sobreposar-les i de portar-les, portar-les amb discreció i portar-les moltes vegades amb negació i ja està. Però aquesta combinació dels trets físics, més la sensació aquesta que a aquest totes li ponen, això és fatal.*

P. R. *Un tic com el d'en Pujol t'hauria anat molt bé...*

A. M. *M'hauria anat molt bé, això, m'hauria anat molt bé. I sóc conscient, per exemple parlant del* Polònia, *del que jo no m'he queixat mai, perquè no té sentit queixar-se; això forma part de l'ofici, diguem-ho així, estar sotmès a les tongades de ridiculització, de caricatura, tot això és evident que aquí, i a tot arreu del món, poc o molt funciona així, sobretot del món diguem-ne civilitzat i democràtic. Ara, també sóc conscient d'una cosa, que la falta d'un tic o d'una expressió determinada, o la falta d'una manera de pronunciar malament determinades lletres..., qualsevol d'aquests petits, si se'n pot dir defectes, que no sé si són defectes o no, m'ha posat, m'ha deixat nu davant del mirall, que vol dir que al final m'han agafat amb allò que surt al mirall.*

P. R. *El primer de la classe, guapo...*

A. M. *El primer de la classe, guapo, ja està, només hi ha això, i, clar, el primer de la classe, guapo...*

P. R. *Sempre és repel·lent...*

A. M. *És repel·lent, i és prepotent. Imatge de massa èxit, això és distant, això és massa bo i per tant provoca enveja i provoca rebuig i provoca punyeta... Escolta, que a mi la punyeta ja m'és bastant igual. Quan em trobo, per exemple, a la plaça de Berga, allà al mig de la Patum, al costat de l'alcalde, amb tota la plaça cridant-me Guapoooo!, guapooo!...*

P. R. *Guapoooo!*

A. M. *Doncs això ho accepto com una punyeta de la qual jo mateix me'n ric. Quan em diuen això, doncs jo, a la plaça de Berga, davant de tota la Patum, rebent molts xiulets, per cert, òbviament, em poso dret i els faig el gest que surt al* Polònia *i me'n foto de mi mateix i ja està. No passa res. La resta és més emprenyadora, perquè la resta m'emprenya en aquest sentit de dir, cony, a aquest se suposa que tot li ha sortit de nassos, que tot ho té fàcil, que tot li ha vingut regalat, que totes li ponen, i la meva vida no ha estat aquesta. Res m'ha estat fàcil.*

Res li ha estat fàcil, diran, dies més tard, en diverses converses, la resta de gent del pinyol, la seva gent. I aquest comentari no el repeteixen com una consigna, perquè, en tots els casos, l'afirmació sorgirà gairebé de manera espontània, i serà dita amb una mena de respecte místic, com si admiressin la seva capacitat de patir i... d'aguantar... *Jo he patit molt, perquè sempre he estat molt responsable, i la persona que se sent molt responsable de tot, de tots els seus, pateix gairebé sempre.*

Hiperresponsable? *Hiperresponsable, posa-m'ho com un defecte.*

Tots hi coincideixen, auster, formació estricta, valors morals rígids, hiperresponsabilitat.... *Li falta un toc llatí*, Corominas *dixit*. En Madí en fa, d'aquest tret de la seva personalitat, una tesi de psicoanàlisi. *L'Artur ha tingut un destí força advers, ja saps tot el que li ha passat a la família... Ell té la impressió d'haver rebut el millor, la part més còmoda, més fàcil de viure. I això l'hiperresponsabilitza, el fa encara més auster i més convençut que és a qui li correspon carregar-s'ho tot a l'esquena.*

Torturat? Ningú no ho confirma. Ningú no ho desmenteix.

La família. Si alguna cosa és poc evident, de portes enfora, és el seu fort sentit familiar. La seva implicació. El *Guapooo!* no només significa prepotència i vanitat, també significa indiferència, passotisme emocional, iupisme... *Polònia* ha ajudat a fer quallar un estereotip de fredor egoista, d'ambició gèlida, d'elitisme social. I, tanmateix, de portes endins, aquest home és, fonamentalment, un home social, estretament lligat al seu teixit familiar, vinculat sentimentalment a cadascun dels seus, amb una barreja d'estimació i de responsabilitat que resulta una descoberta sorprenent. Si aquest llibre ha adquirit, des dels seus inicis, un compromís amb la veritat, si més no amb la veritat que *veu* la mirada, és de llei afirmar que el senyor Artur Mas i Gavarró no només no és un passota indiferent i fred, sinó que no passa de gairebé res. La seva gent li pesa una a una, i les seves vides les inclou en la pròpia, fins al punt de fusionar-les. I si les malalties han castigat la seva família des de petit, des de petit se n'ha sentit responsable. *Des que tinc consciència, és a dir des dels set o vuit anys, he viscut en una casa amb una família on la malaltia ha estat sempre present.* I parla del pare, que va patir una tuberculosi als dinou anys i la vida del qual, afortunadament llarga, ha estat sempre marcada per múltiples dificultats respiratòries. *Mai no he pogut jugar a futbol amb ell, ni fer cap esport amb ell, i quan anàvem a la muntanya, havíem de vigilar que no fos massa alt, perquè si no, li faltava oxigen. I en algun moment, els metges...*

La germana Maria, per qui ho deixa tot cada vegada que l'alteració genètica que pateix —la síndrome de Turner, *una d'aquelles malalties 'rares' de la* Marató *de TV3*— li provoca algun dels greus problemes cardiovasculars que són propis de la síndrome... *Ens portem quatre anys. Quan ella en tenia 36 i jo 40 i m'acabaven de nomenar conseller d'Obres Públiques, va tenir una operació a vida o mort a la Vall d'Hebron.* No seria l'única vegada. Hemorràgies i urgències cardíaques. Als 46, va tenir una segona intervenció quirúrgica, també molt complicada, derivada de la primera i dels seus problemes cardiovasculars, i li va passar just en plena aprovació de l'Estatut en el referèndum i a tres mesos de les eleccions. Aquesta és la crònica de com ho va viure:

Ella no et truca mai per res, perquè s'ho porta tot ella i ho aguanta tot... Ha d'estar molt fotuda perquè t'arribi a trucar, molt fotuda. Recordo que jo venia d'un acte, em sembla que era de la campanya de l'Estatut o un sopar, no recordo exactament d'on venia, però arribàvem a les dotze de la nit a casa amb la meva dona i em va trucar. Em va dir que li costava respirar i que estava molt atrapada i vam marxar cap allà... Vam entrar i, efectivament, no podia fer un pas, i recordo que jo la vaig agafar en braços, sort que pesa poc, i la vaig baixar per l'ascensor fins a un cotxe que portava la meva dona, i ens en vam anar passada la una de la matinada a la Vall d'Hebron, i allà ens van dir que tenia problemes amb la vàlvula aòrtica. L'havien operat feia deu anys de l'aorta perquè havia tingut un aneurisma i ara hi tornàvem. Va ser una altra operació molt delicada.

I amb un sobtat abrandament, gens propi del seu tarannà emocionalment contingut, mostrarà la seva profunda admiració per la Maria. *És una persona molt afable, extravertida, molt intel·ligent.* Fins i tot és gerent d'una petita empresa familiar. *S'ha espavilat molt al llarg de la seva vida. Clar, no pot tenir fills i li encanten les criatures... Ha estat la cangur de tots els nostres fills, de tots els altres germans, que els ha fet pràcticament de mare en moltes ocasions... I clar, jo l'he vista sempre, sempre l'hem vista, amb l'ai al cor.*

Just després de ser proclamat candidat a la presidència per CiU, en el solemne acte de Sant Benet, anirà a la festa de la Maria, que celebra els 50 anys. *Ha volgut fer una festa al jardí de les Abadesses. Per a qualsevol persona, fer 50 anys és molt important, però per ella, per ella és l'èxit de la lluita per la vida...*

El pare, la Maria, l'altra germana, la Núria, la més jove, castigada per un escleroderma que li provoca dolors aguts i l'obliga a prendre calmants diàriament... Just en acabar el gran míting de la Vall d'Hebron, un dia d'èxit pletòric i rotund, haurà d'anar cap a l'hospital per un ingrés d'aquesta altra germana. Serà el dia del seu aniversari.

Ho deixa tot!, dirà astorat en Pujol. I quan, en la màgia d'un espai clos i tranquil, a dues veus, obre, estranyament, aquest racó de la seva vida interior i en parla *—no en parla mai, de les seves coses, sobretot dels seus patiments, amb ningú, és molt rar que ho faci*, diran tots els col·laboradors—, aleshores el món s'atura, canvia el to, viu una altra vida, i aquesta sembla, sense parangó, la realment autèntica. També ho deixa tot en la conversa, i només existeixen pares, germans, família, fonda preocupació i... fonda estima.

El món aturat. Aturat en el territori preuat d'una conversa íntima. Com s'atura, més enllà de les reunions, les agendes, els compromisos i l'atzarosa vida política, quan sona el telèfon...

En el cas de la seva dona, l'Helena, el telèfon va arribar, simbòlicament, pocs dies abans de l'aniversari dels 25 anys de casats. Tumor al pit. Sortosament en fase inicial i, sortosament, amb magnífic pronòstic. No va ser necessària la químio, però a les sessions de radioteràpia, que varen durar més de dos mesos, *Ell* la va acompanyar sempre.

P. R. *Per què vares anar a totes les sessions? Mala consciència?*

A. M. *Com que jo he pogut estar molt poc amb la meva família, no vull que tinguin la sensació que, en els temes importants de veritat, no hi sóc.*

P. R. *No fallar quan toca?*

A. M. *Sí, crec que és això, no fallar quan toca.*

Rellegits aquests darrers paràgrafs, temps després de les converses que els han fet possibles, un cert neguit es desperta en qui els ha redactat. Quedarà prou clar que tot això que s'hi explica, la família, les malalties, el seu capteniment, la seva responsabilització emocional i física..., tot plegat, és molt rar que s'hagi explicat? Tan rar que deixa astorats als propis, la major part dels quals mai no han tingut una conversa amb *Ell* sobre aquestes qüestions. En parlar del càncer de l'Helena, per exemple, després de ser-ne directament interrogat, haurà dit, *no ho he explicat pràcticament a ningú. Tampoc ho he amagat, no té sentit amagar una cosa així, però no n'he parlat mai.* Tan *mai* com ho relata David Madí. *Jo sabia que l'Helena estava patint un càncer, per sort en estadi inicial. Però Ell mai no em va dir res. Senzillament, se n'anava. Un cap de setmana, amb les dones, l'Helena l'hi va explicar amb naturalitat a la meva dona, davant nostre. I jo, que treballo estretament amb Ell i que havia de gestionar quan Ell se n'anava a les sessions de radioteràpia, mai no me n'havia parlat. Ni una paraula. Aquell cap de setmana era el primer cop que, davant d'Ell, jo sentia parlar del càncer de l'Helena.* I un rere l'altre, tots els que l'envolten confirmaran la dificultat de conèixer els seus sentiments, i, molt especialment, la quimèrica possibilitat que en parli en algun moment. *La vida interior* que inquieta en Pujol, alhora que el fascina... Una vida interior protegida per un escut solidificat amb la pròpia pell, gairebé impossible d'arrencar sense obrir-lo en canal.

La màscara del rei Artur amaga una complexitat de sentiments que el farien tan vulnerable com una tortuga sense la seva pètria closca. Probablement s'amaga perquè aquest és el seu tarannà, més aviat reservat. Però és evident que també s'amaga perquè es protegeix.

Temps després, parlant de les darreres entrevistes, on se'l veu més segur i més solt, algú dirà, *ara li van millor les entrevistes, perquè és més capaç de parlar d'Ell que abans.*

De tot plegat, dels mesos de seguiment, de les preuades converses privades, de les insòlites confidències, dels comentaris plenament coincidents de l'entorn, i de la continuada, punyent i precisa mirada sobre *Ell*, és d'obligada honestedat assegurar que la caricatura que Bruno Oro fa d'aquest home que vol ser president de la Generalitat, i que malda per aconseguir-ho, és un estereotip que es basa en una rotunda falsedat. És a dir, tot i l'enorme capacitat que té la gent del *Polònia* per retratar, amb precisió, els personatges que caricaturitza, amb *Ell* fracassa estrepitosament. Òbviament, no en termes de popularitat, atès que el *Guapooo!* ha fet fortuna. Però si l'objectiu de la sàtira política és treure punta al capteniment precís de la gent pública que tracta, la sàtira de Bruno Oro potser retrata algú, però no retrata cap dels trets característics ni la personalitat de l'home anomenat Artur Mas.

És, sense cap dubte, una sàtira fallida.

Sàtira fallida, perquè aquest home no és vanitós, sinó més aviat un tipus amb un bon físic, l'atractiu del qual no sap com gestionar. I, a voltes, l'incomoda. En alguna ocasió, la seva dona afegirà, *el que més em molesta és l'amanerament del personatge del* Polònia, *aquest toc mig amanerat, com si li sobrés una ploma.*

Una ploma! Ja et ben asseguro que no n'hi sobra cap, de ploma...!

Sàtira fallida, perquè aquest home no és prepotent. Tal vegada se sent el primer de la classe, i creu que està preparat per al càrrec que anhela, i fins i tot deu pensar que ho està més que els seus adversaris. Però si la prepotència té a veure amb l'excés d'autosuficiència i amb el menyspreu als altres, *Ell* no té, de cap de les maneres, aquest perfil. S'apropa més a l'*empollón* que al repel·lent fatxenda. I molt més al que s'ofereix per anar a la pira que no pas al que hi envia els altres. (Més endavant, molts dels seus, i *Ell* mateix, parlaran de la substitució d'en Pujol com un camí cap a la pira del sacrifici. Estava en Pujol oferint el corder?...)

Sàtira fallida, també, perquè el *Guapooo!* és arrogant i excessiu, i *Ell* és malaltissament auster, i pateix d'una timidesa que malda per vèncer, no sempre amb èxit.

I sàtira fallida, perquè l'Artur Mas del *Polònia* és un ésser desagradable, sense altra emoció que la seva pròpia estima, dedicat al culte del seu grandiós ego, amb la mateixa maledicència que es desentén de la resta de mortals. I, tanmateix, l'home que habita sota la màscara que lentament es va aixecant està obsessionadament preocupat per la seva gent, tan hiperresponsabilitzat que a voltes resulta incòmode.

La llegenda urbana, doncs, del fatxenda vanitós, que recullen, amb mestria, els polonesos més àcids de la televisió, no respon a cap tret de la seva personalitat. És, a tots els efectes, una maldat, tal vegada volgudament construïda, tal vegada nascuda per generació espontània, però, en qualsevol cas, impròpia. *Polònia* fa, certament, el retrat àcid d'un polític català. La qüestió és saber de qui. Perquè ningú que conegui el polític en qüestió, i que s'apropi a l'home que hi batega al darrere, ningú no serà capaç de reconèixer la seva caricatura.

Senzillament, l'home anomenat Artur Mas no existeix al *Polònia*, substituït per un *alter ego* desconegut, que li ha agafat el nom, li ha canviat la personalitat i l'ha projectada a l'exterior. No és *Ell*, però el reconeixen com a *Ell*, i així avança pels tortuosos camins de la popularitat, amb una injusta llufa penjada al darrere. No serà l'única llufa injusta que li penjaran. Però serà la que haurà tingut més èxit col·lectiu, la que haurà erosionat amb més eficàcia la seva imatge i la que, probablement, li haurà causat més neguit personal.

Estic agraït al Polònia, asseverarà Xavier Trias en una conversa al respecte, *perquè caic molt simpàtic. Però el* Polònia *és una bomba atòmica, perquè ridiculitza els polítics, ajuda a la banalització i la frivolització de la política. I, a més, fa simpàtic en Franco. Haurien de ser més cruels. I a en Mas el fan histriònic, exagerat, absurd, i justament és el contrari, és dur, sacrificat, autoexigent, res a veure amb el seu personatge. T'ho dic, el* Polònia *és una bomba atòmica.*

A mi m'endevinen, dirà Oriol Pujol. *Però a Ell..., a Ell el destrossen.*

Se'n diu humor crític i se'n diu llibertat. Així ho diu. I així diu que ho viu. I tanmateix, la ferida...

Té fama de garrepa, però en realitat no és així. El que passa és que té un sentit molt auster dels diners. Parla Germà Gordó, l'home de les finances del partit... *Et posaré un exemple. Havíem de canviar el cotxe, i va el tio i em demana un Seat. És el secretari general d'un partit amb milers de militants, aspira a ser el president de la Generalitat, ha de fer desenes de milers de quilòmetres a l'any, fins i tot, segons on va, necessita tracció a les quatre rodes i va i... em demana un Seat d'aquella època. M'hi vaig negar en rodó. Un Seat! Necessitava representativitat! Evidentment, vaig comprar l'Audi A6 que porta.*

Pots creure, Pilar, explica David Madí, *que quan el van fer conseller d'Obres Públiques, s'estava remodelant la cuina, i va exigir que paressin les obres? No se la va remodelar fins un any més tard!*

En un dinar amb les parelles, a quatre bandes, la discussió serà abrandada. Defensa la idea de viatjar en turista, i qui l'escolta li etziba que això és pur populisme. *El cap de l'oposició de Catalunya, i possible president de la Generalitat, no pot anar en turista! És una qüestió de representativitat. A més, ningú no s'ho creurà. És pur aparador.* S'emprenya i defensa amb vehemència la seva tesi. *És una qüestió de donar exemple, exemple, m'entens, Pilar, exemple!* No, la tal Pilar no l'entenia...

DEIXARÉ DÉU PER DÉU

No hi pot haver caritat si no va acompanyada de justícia. Pas de charité sans justice. Podria ser el lema d'una ONG solidària, o, fins i tot, d'algun partit d'esquerres, en clara confrontació amb el concepte cristià de la caritat. Allò que s'ha anomenat, a voltes, la dualitat Domunt/cooperació internacional, menystinguda la primera per una progressia que creu haver inventat, ella soleta, la idea de l'assistència social. I tanmateix, a despit de la seva cega grandiloqüència, la solidaritat que continua funcionant d'una forma més eficaç, activa i seriosa, és la que parteix dels col·lectius catòlics que la fan efectiva. Arreu del món. En les condicions més adverses. Dia a dia i..., des de sempre. La frase, doncs, no és el lema d'un partit d'esquerres, sinó una de les sàvies idees que un fill de pagès nascut a l'Aquitània interior, i fundador, juntament amb Louise de Marillac, de les Confréries de Charité, Sant Vicent de Paül, va deixar com a preuada herència. Conegudes al país com a Filles de la Caritat, és amb elles amb qui dina avui l'home que vol governar Catalunya. Fa poc que s'ha sabut que ha mort Jordi Solé Tura, i les primeres paraules del dia per a la premsa s'adrecen a la seva memòria. *El recordo de professor a la universitat. Per damunt de moltes altres virtuts, valoro la seva profunda estima a Catalunya.* Més endavant, quan la premsa se n'haurà anat, sentirà una pregunta retòrica, pronunciada sense anestèsia: *La mort ho perdona tot, oi Artur?*

(Reflexions personals a casa, hores més tard de la visita a les Filles de la Caritat, i poc després de deixar-lo amb Xavier Trias fent un recorregut per la Fira de Santa Llúcia.

Certament, Solé Tura va ser un home important en la crònica de la resistència catalana, el compromís polític del qual es va mantenir ferm, fins que l'Alzheimer el va ferir definitivament. Però de la mateixa manera que fou un home de fortes conviccions, també va defensar algunes de les idees d'esquerres més retrògrades de la història, aliat convençut de les dictadures comunistes més impresentables. Durant anys va vendre la *bondat* de la Romania de Ceaucescu a les classes que impartia, i fou el responsable d'adoctrinar per a la causa molts joves de l'època. Per a molts, doncs, fou l'home compromès. Per a molts altres, fou un més d'aquells intel·lectuals còmplices amb una ideologia que s'anomenava alliberadora i que tanmateix fou cruel, totalitària i malvada. És cert que amb el temps, varià seriosament la seva postura. Però mai no va fer autocrítica de la seva responsabilitat en la gran mentida de l'estalinisme.

La mort, tanmateix, tendeix a ser entranyable amb el passat i amb aquells que el van protagonitzar de manera rellevant. Però cadascú ha jugat en la casella del joc que ha escollit, i Solé Tura va escollir-ne alguna de molt tèrbola i, ai!, de molt culpable. Ingenuïtat? Desconeixement? En qualsevol cas, complicitat.

Altrament, la frase és de Martin Luther King: *Nothing in the world is more dangerous than sincere ignorance and conscentious stupidity.* Res més perillós que la ignorància sincera.

En parlar-ne amb *Ell*, de tot això, defugirà comprometre's, amb aquell aire seu de *diríem que estic d'acord amb tu, però m'ho callo.* Tanmateix, sembla evident que no eren gaire amics.)

Les Filles de la Caritat són, segons pròpia definició, dones lliures que cada any renoven els vots. No depenen del Vaticà, i la seva dedicació als sectors més abandonats de la societat prové directament de la seva inspiradora, Louise de Marillac, l'extraordinària visionària que, al 1633, va renovar l'assistència social als hospitals, orfenats, asils i centres psiquiàtrics de la França de l'època. Percebuda que les dones no podien ajudar els que patien una severa exclusió, atès que les monges no podien fer aquesta funció, i les dones casades tampoc, va concebre, amb Vicent de Paül, aquesta concepció *mixta* de la vida religiosa. No són, doncs, ben bé religioses. Però fan els vots principals, com el del servei als pobres, el de castedat i el d'obediència, fent bona la frase que Sant Vicent de Paül convertiria en un símbol: *Deixar Déu per Déu.*

Just davant del local de les Filles de la Caritat, hi ha la font que donava aigua a les barraques del desaparegut barri del Somorrostro, i el nom de Carmen Amaya, filla d'aquell temps i d'aquell lloc, bateja la font i els records del desaparegut barri. La veu d'Isabel Pantoja tributa el merescut homenatge a la seva memòria:

Cuando Carmen
Cuando Carmen quedó quieta, a las claritas del alba
Y se hizo mármol su cuerpo, moreno de pura raza.
Barcelona,
Barcelona dando gritos, mandó doblar sus campanas
Y se quedó sin aliento el compás de la sardana

By the way, Barcelona ha aconseguit esborrar el record físic del barri del Somorrostro. Ningú ja no sap on va ser, i molts comencen a no saber que va existir...

Del Somorrostro a la playa, ya su estrella se apagó
Se derrumbó su muralla, como la de Jericó...
Carmen, Carmen, Carmen... ¡Carmen!
Se murió Carmen Amaya, y el mundo entero lloró.

Però va existir. I l'edifici que ara contempla l'arribada del seguici que acompanya el líder polític és hereu d'aquell barri invisible i d'aquella ben visible pobresa. La visita al centre de les Filles de la Caritat és intensa i emocionalment abrusadora. Les *filles* tenen cura de desenes d'homes amb patologies importants, des de convalescents de malalties cròniques, derivats dels hospitals, fins a drogadictes, expresidiaris o malalts de sida, tots ells severament exclosos de la societat. Una monja recorda la frase del jesuïta Josep Maria Panyella, l'*alma mater* de la Fundació Arrels, recentment desaparegut: *La gent que és al carrer, la gent exclosa, són éssers humans que han anat perdent els fils de la teranyina que els mantenia fixats, la família, la feina, els amics...* I elles, les Filles de la Caritat refan, amb minuciosa dedicació, alguns fils de la teranyina... Al dinar, amb algunes de les monges —llenties, pollastre i formatge—, *Ell* parla de les persones que remenen els contenidors. *Molta més gent que abans?* Tanta, que estan desbordats. Al Banc dels Aliments, per exemple, 126 famílies hi van a buscar menjar, tots derivats dels serveis socials. *Fa dos anys no es passava gana a Barcelona. Ara ja no ho podem dir.* I aleshores parlen dels éssers exclosos, de la gent que ha esdevingut invisible, dels *tu no ets, no vals, no faràs. I no seràs mai. Són els no ningú.* Un monja dirà: *Tota la vida reben aquests missatges-merda.*

Durant tota l'estona, *Ell* es mostrarà captivat per la força d'aquestes dones. Va sense jaqueta, i aquest punt de *deixadesa* tèxtil, de *familiaritat*, es respira a tota la visita. Com si se sentís a casa. O com sembla que se sent, commogut, apel·lat i estranyament feliç.

Arriba Genoveva Massip, la mítica Sor Genoveva, tota la vida dedicada al servei dels exclosos. Menuda, fràgil i, alhora, radiant. És una dona amb llum pròpia, que il·lumina l'estança. Davant seu, tots ens sentim empetitits.

Una monja jove, d'uns trenta anys, parla amb abrandament de la seva feina. Respira alegria. La pregunta li arriba amb sorpresa. *Cada dia, cada setmana, cada mes de la vostra vida, dedicades a la gent més abandonada, la més desestructurada, la més destruïda. En alguna ocasió, en algun moment d'intimitat, no us trenqueu interiorment, no defalliu? No arriba el dubte?* Trencar-se? Defallir? Dubtar? *Aquesta és la vida que hem escollit. I potser sí que a vegades podem tenir dubtes, però no sabeu l'enorme felicitat que dóna servir als altres, dedicar la vida als més abandonats. Som unes privilegiades...*

Algú va escriure, *on regna la caritat, allà hi ha la felicitat.*

Quan acaba la visita, les paraules no abunden. Improvisa alguna reflexió sobre l'exclusió social, i recorda l'intens i decisiu paper de l'Església en la tasca solidària, però sobretot, deixa transpirar emocions. Està colpit, i l'autenticitat d'aquest sentiment regala uns minuts d'humanitat intensa a l'home esdevingut candidat.

On anem, ara? A la Fira de Santa Llúcia, a fer un passeig amb Xavier Trias. Tan sols arribar a la Fira, una dona diu, *mira, la Riola amb el Mas!*, i una altra l'atura i li canta una cançó dedicada a en Zapatero. Unes noies volen una foto amb la tríada, Mas, Trias, Rahola, i en anar-se'n, una d'elles pregunta a l'altra, *que s'ha fet del Mas, la Rahola?* En Trias reparteix mans a dojo, i *Ell*, com sempre, intenta superar la seva enorme incapacitat de moure's amb desimboltura. Al costat de Xavier Trias, *Ell* és un tros de gel, un fragment de meteorit caigut al bell mig de la Fira. No és antipàtic, però no aconsegueix ser empàtic. No és fred, però no resulta càlid. És educat, però no és fàcil. No és distant, però anima a la distància. I només aconsegueix ser simpàtic, càlid, senzill i proper quan la gent que se li apropa o l'interpel·la li fa la feixuga feina de trencar el gel. La frase d'en Pujol, *l'Artur no acaba de ser simpàtic...*, es fa present, una vegada més. No hi ha dubte que li va millor la distància curta o el discurs massiu, però aquesta mena d'estadi intermedi, on cal posar una mica de *morro* per aturar gent, saludar, fer-se conèixer... no és el seu territori. Més aviat sembla percebre-ho com una sala de tortura.

Del dia en quedaran algunes impressions, més enllà de la punyent realitat viscuda amb les extraordinàries dones que han obert les portes de la seva acollidora casa de tots i han parat la taula als nouvinguts. Per exemple, la relació amb Xavier Trias. Afable, confiada, sòlida. Tampoc Xavier Trias no és amic seu, però no hi ha dubte que és un estret còmplice de les cuites que tots dos pateixen, no debades tots dos estan a un peu de l'èxit definitiu o... del definitiu fracàs. En alguna ocasió en farà referència, preguntat pel risc que pateix en Trias, si *Ell* guanya. *Vols dir que la ciutadania voldrà el mateix color polític a banda i banda de la plaça de Sant Jaume? El teu èxit, no arrossegarà en Trias a la derrota?* No té una resposta immediata, més enllà de l'òbvia, *ara hi ha doblet socialista..., farem copa i lliga..., Hereu està tan des-*

prestigiat com Montilla... I s'escapoleix de l'escomesa amb professional habilitat. Quan sigui Xavier Trias qui rebi la mateixa pregunta, la resposta no serà tan despreocupada. *Ai, Pilar, ai, ja ho veurem, podria ser que m'afectés, a veure si ara seré l'aneguet lleig, després de tanta feina i de tanta... paciència...*

Es refereix a la paciència que desenvolupa per tal de fer la pilota a Jordi Portabella, i així tenir-lo a punt de caramel, per si cal pactar amb ERC? És evident que en Portabella està a l'oposició, però també ho és que, a canvi de votar a favor de tots els temes importants de govern, gaudeix de tots els privilegis del Govern. Per exemple, no ha perdut ni un sol dels múltiples *assessors* que va col·locar quan era tinent d'alcalde, tot i la seva òbvia inutilitat. I aquests sous, que pengen de l'erari públic, només tenen un únic sentit: servir a la seva candidatura. És a dir, l'Ajuntament de Barcelona paga, amb diner públic, l'equip de campanya electoral de Jordi Portabella, com li paga els múltiples viatges en teòrica representació de la ciutat, i els congressos i etcètera. I en Trias calla. *La paciència...*

Diuen que, de tant en tant, li promet que amb ell serà alcalde en funcions moltes vegades i que sortirà molt a la foto, i queda molt content...

Frase de qui això escriu, un dia malvat: *Jordi Portabella forma part d'aquella mena d'homes que, si pugen a un ascensor i no hi ha mirall, surten de l'ascensor.* Sembla que Xavier Trias coneix amb precisió els punts febles de la bèstia...

Tot i així, quan es posi seriós, en Trias dirà, *el pitjor que em podria passar, per a la campanya de Barcelona, és que l'Artur no guanyés. No, l'Artur no em complica la campanya de*

Barcelona. El que em va malament és el sí, no. Això de guanyar i no governar... Saps? El que desmoralitza és la teoria de l'hem guanyat i no hem governat. No governes, doncs no has guanyat, i punt. Però res. Li anirà bé. I si a l'Artur li va bé, a en Trias li va bé.

Coneix els punts febles de la bèstia Portabella. Coneix, també, els punts febles de les seves pròpies bèsties? Si més no, coneix l'estil de David Madí i..., no sembla que el compri. En Trias té estil propi, equip propi, relat propi i aquest no passa, de cap de les maneres, per la queixalada a la jugular. Ni DVD, ni notari, ni lluita lliure al fangar de la política, sinó el retorn a la civilitat, a les normes estrictes del Noucentisme, al Senyor de Barcelona... Encara que el Senyor... hagi de fer la pilota a les egolatries més desbocades de la política catalana. Entre la queixalada i la pilota, Xavier Trias no dubta: Noucentisme.

Idees de Josep Carner extretes d'un article publicat a *La Veu de Catalunya*, el 1909. Inici del Noucentisme:

> *Una capital ha de ser una cosa blana i temperada, enllaminadora per les seves condescendències, de seguida convençuda, sempre cordial, equilibradora de les corrents opostes. Si jo compto amb el pervindre de Barcelona, és perquè la veig tan dolça, en aquest país terrible que s'anomena Espanya.*

Reflexió d'Eugeni d'Ors, el 1907:

> *Vaig dir-me que, per tal com perfecta de forma, no podia la Ciutat morir. Car, així com les estàtues gregues constitueixen el motllo definitiu de la bellesa plàstica, així la Ciutat, també fruita grega, ve a ser el motllo definitiu de*

la bellesa social. Però de les dues hel·lèniques creacions —La Ciutat i l'Estàtua—, encara és la Ciutat la més bella. Té, damunt la línia, el moviment. És alhora Estàtua i Tragèdia. Tragèdia en el més elevat sentit de la paraula: espectacle d'un moviment nodrit de llibertat.

Abandonats els DVD i els notaris, *Ell* també ha retornat al Noucentisme...

Apunts d'Enric Prat de la Riba, sobre l'acció política a desenvolupar. 1909:

A) Accions a Catalunya:
Primer) Intervenció en els problemes locals a Catalunya: Voler posseir a Catalunya els instruments de govern.
Segon) Intervenció en els problemes humans a Catalunya:
a. Lluita per la Cultura.
b. Lluita pel Tecnicisme.
c. Lluita per l'Ètica.
d. Lluita per la Justícia social.
B) Accions fora de Catalunya:
Primera) Intervenció en els afers generals espanyols.
Segona) Intervenció en els afers mundials:
Expansió comercial (Esforços!)
Expansió espiritual (Desigs!)
Expansió política (Ensomnis!)

Ensomnis!... Alguns d'aquests *ensomnis* hauran mobilitzat, uns anys abans, uns quants joves que, temps després, i de manera sorprenent, esdevindran el seu pinyol. El relat de com ha arribat cadascú al lloc on és, i de quins en són els orígens, conformarà un capítol sobre la llegenda urbana que els persegueix. Radicals?, pinya?, guàrdia de corps?... La seva gent.

Has plorat alguna vegada, per la política? Resposta immediata: *No. Mai.*

Temps més tard, en una conversa telefònica, dirà. *Recordes quan em vas preguntar si havia plorat alguna vegada per la política, i et vaig dir que no? No és ben bé cert. Vaig plorar una vegada, el 2004, quan acabàvem de perdre el Govern. En el congrés de Convergència, set mesos després, la gent es va posar a aplaudir-me dempeus, i em vaig emocionar.*

No vaig plorar pel que havíem perdut. Vaig plorar per l'emoció de la gent.

La seva dona Helena també haurà plorat. Haurà estat de ràbia i d'enuig, i haurà estat quan, després de guanyar les eleccions contra tot pronòstic, s'hauran quedat fora del Govern de Catalunya. *Dolor i ràbia. Em va costar d'entendre. Pensava, en la meva ingenuïtat, que la gent sortiria al carrer perquè era una injustícia molt gran. Una estafa.*

Però no va sortir ningú.

LLEGENDES URBANES: QUART APUNT

Forma part del prenafetisme...

Lluís Prenafeta és el passat, malgrat el seu punxegut present. Tot i que és una presència farragosa en els diaris, novament a la diana de les sospites —l'etern déu negre de les ombres—, realment no existeix en l'imaginari de la Convergència actual. La renovació de l'estructura del partit, i l'arribada de molta gent jove a càrrecs dirigents —el *miracle Mas*— ha implicat també una renovació del seu univers simbòlic, un canvi dràstic de referents. *Recorden que deien que CiU es desfaria com un flam, després d'en Pujol?*, exclamarà Josep Antoni Duran i Lleida a l'acte de Sant Benet davant els consells nacionals dels dos partits, *doncs aquí som, en el camí de guanyar.* I aquesta coalició que ara respira aires de victòria, i que té la convicció d'haver passat una llarga travessia del desert (viscuda amb dramatització èpica), sembla haver enterrat de manera definitiva l'època Pujol. En Pujol és en Pujol, òbviament, però allò que en Pujol també fou, com per exemple Prenafeta, ja no està present en l'atmosfera de la coalició. I, molt especialment, ja no està present en l'atmosfera convergent. Aquest partit és un altre partit (*sempre serà un partit-moviment*) i encara més, *som una altra gent i tenim un altre llenguatge*, en expressió rotunda de Francesc Homs. Per afegir, *en Pujol no tenia ni puta idea del que era un partit polític.* En Corominas reblarà el clau, *l'Artur ha inventat un partit que, com a tal partit, no existia. Existia el món convergent, però no existia el partit convergent.*

Un dia, a l'estudi de la pintora Rosa Agenjo, que li farà un retrat naïf, amb abundància de tons suaus, que endolceixen la seva rotunda cara, *Ell* ho definirà amb precisió.

(Parèntesi sobre la seva cara. Diu, amb sorpresa per a qui ho sent, Oriol Pujol: *És una cara complicada, que expressava ressentiment.* Ara l'expressa? *Ara també. Sempre. És una cara torturada.* Quan ho respon la pintora, la percepció és molt diferent: *És molt càlid i se'l veu madur. Ha arribat al punt. Ni massa dur, ni massa tendre, més atractiu. Ara està de pa de pessic. Però, ja saps, hi ha gent que s'acomplexa amb la bellesa.*)

A l'estudi, doncs, de la Rosa, el pa de pessic en el seu punt, certifica així la naturalesa del triomf de CDC. *L'èxit del 2003 demostra que CDC era més que en Pujol. I això que en Pujol ho semblava tot. Però hi ha una cosa encara més forta, que els adversaris havien menyspreat sempre: hi havia la gent convergent. Partit i moviment, però sobretot gent.* Un amic, passat per ERC i finalment aterrat a CDC, ho verbalitza d'una forma que resulta molt gràfica: *Els convergents són l'espina dorsal de la catalanitat, la gent que aguanta la catalanitat al territori. El dia que no hi siguin, la catalanitat desapareixerà.*

Xavier Trias anirà més lluny. *En Pujol va descobrir un bon dia que havia perdut el partit. Va ser arran del pols amb Miquel Roca. Aleshores s'espanta i és quan ells dos, en Pujol i en Roca, s'allunyen. Però no sabia governar-lo. Qui aterra a CDC és en Mas que, a més, fa una cosa molt bona: atomitza el poder del partit. I així, durant l'època de transició d'un a l'altre, a l'època de l'aterratge d'en Mas, ningú no manava del tot al partit. I alhora, Ell manava per damunt de tots.* És aleshores, també, quan algunes gorges pregones de Convergència asseguren que Artur Mas comet el gran error, el que ells en diuen *la gran columpiada. Quin greu error! Un error que ara paga, ara se n'adona. Fixa-t'hi, ni els que el van impulsar en volen saber res, ara. No el volen ni en pintura.* Estan parlant del nomenament de Felip Puig com a secretari general adjunt del partit. Un càrrec que té el suport del pinyol, però que és mal vist per molts dels seus altres col·laboradors. *El nomenament de Felip Puig és el seu únic i gran error, des que ha aterrat. Però és un error que pot pagar...*, manté la més rotunda de les veus que xiulen, a l'orella de la cronista, el seu enuig.

Hi havia una conxorxa per aixafar el pinyol..., diu l'Oriol. *La maniobra de posar Felip Puig va ser nostra i en Puig va fer la seva feina: va posar ordre al pinyol.*

A aquest món, partit, moviment, *Ell* li donarà les gràcies de manera emocionada, quan el consell nacional de CDC el proclami candidat per tercera vegada. *Gràcies de tot cor, per haver-vos mantingut al meu costat, per haver-vos fet sentir en aquests moments difícils. Em sento complagut i reconegut*, i parlarà de la travessia pel desert, *la travessia a mar oberta*, simbòlicament trasmudat en una mena d'Ulisses que ha resistit tempestes, cants de sirena, atacs de monstres i, finalment, s'apropa a l'enyorada Ítaca. *La vostra presència, la vostra resistència, l'haver estat amb mi en aquests temps difícils, em fa sentir commogut. Se'm registra, no al cap, sinó al cor.* I dirà:

> *Mai com ara l'he sentit, en carn pròpia,*
> *el pes de la responsabilitat col·lectiva.*

Convergència...! No és un partit, encara que comença a ser un partit. És un moviment, però no és ben bé un moviment.

Es manté en una coalició, però sovint s'explica en confrontació amb el partit coaligat. És un ocell?, és un avió...? És genètica...

> *Aquell gen convergent, que es presentava com a dúctil i feble, era més difícil de pelar. I aquest gent portava l'adn de Catalunya. Catalunya és una canya flexible que ha suportat els vents forts. CDC també.*
>
> Artur Mas, Sant Benet, 17 de gener de 2010.

És muntanya...

> *Un grup de gent vol fer el cim més alt de la serralada. Es troben, porten el menjar, caminen amb la rosada, tot va bé. Davant n'hi ha un que no hi entén gens, de muntanya, però és igual, el dia és clar i es veu el cim. La il·lusió és immensa. Però de sobte puja una boira espessa, i tots queden ben perduts. Què s'ha de fer? Primer, tocar de peus a terra. Segon, posar davant algú que hi entengui. I tercer..., hi haurà tres tipologies:*
>
> *— L'home gran, que dirà que baixem, que això és perillós, que millor no aventurar-se per camins desconeguts...*
>
> *— El milhomes treurà pit i dirà que cal córrer cap endavant, sense massa coneixement del camí.*
>
> *I què farà el convergent? S'asseurà prop d'un roc i es lamentarà, 'no ens en sortirem', 'ai, on ens hem ficat', 'mira que ja ens ho deien'... I tanmateix, si poses el guia adequat, i toques de peus a terra, surts de la boira i veus el cim. Però els convergents tenim l'adn català, i, ja ho*

saps, ens agrada lamentar-nos i patir. Mira l'Artur, ara que se'l veu amb menys aires de noi que ho ha tingut tot, i que sembla que ha patit força els darrers anys, ara agrada més que mai.

Francesc Homs, restaurant Roig Robí,
23 de febrer de 2010.

És multicolor...

Què som? Som nacionalistes catalans, demòcrates i progressistes, i treballem per una societat justa, solidària i lliure.

Autodefinició de CDC
Web del partit. www.convergencia.org

A despit del que sigui Convergència Democràtica, i de la precisió de la seva definició ideològica, sembla evident que CDC ja no és allò que fou. Ja no és un moviment que va arreplegar el bo i el dolent de l'escombrada de la transició i en féu un moviment poderós, caòtic i força indefinible. Si *Ell,* i els que l'han ajudat a reconstruir el partit *—molt important Pere Esteve, i després Felip Puig—*, representen alguna cosa, és sobretot aquesta, la del guia de la faula de Francesc Homs, que no s'asseu en un racó ni es lamenta de la seva dissort. Aquest home és d'una fusta dura, i no té gens de tendència al lament. Probablement per això, el seu aterratge com a secretari general ha significat una escombrada subtil, silenciosa i rotunda. *El canvi de mentalitat que propugnem serà generacional o no serà,* havia dit anys abans, al novembre del 2005, en el discurs en què desenvoluparia, per primera vegada, la idea del *dret a triar*, en el camp dels serveis bàsics. Canvi generacional. De fet, sempre havia estat la seva idea, des que va assumir el repte de substituir Jordi Pujol. A l'octubre del 2002, en un dels seus discursos clau, *Catalunya sense límits: els nous horitzons del nostre projecte de país*, ja havia dit: *Us parlo en nom d'una generació de nacionalistes catalans que no va ser protagonista de la transició.* I a aquesta generació ha col·locat al poder convergent. Xavier Trias l'anomena *la revolució municipal* i afegeix, *tothom creia que CDC era en Pujol, i no, Artur Mas ha demostrat que CDC és més que en Pujol, que està per sobre, que és encara més important. Ep, que en Pujol és important, però el partit encara més.*

Certament, doncs, i sorprenent, ha canviat el partit sense que el partit se n'hagi adonat gaire. I en aquest partit nou, el nom de Prenafeta resulta un veritable arcaisme, una mena de fòssil d'èpoques passades, percebudes, estranyament, com molt llunyanes. *Prenafeta? No sé, no el conec gaire.*

Em sembla que l'Artur n'és amic, i el va a veure de tant en tant, diran gairebé tots els consultats. I no semblarà que menteixin.

També serà taxatiu en Trias:

> *Artur Mas mai no funcionarà amb un Prenafeta al costat.*

Una gorja pregona matisarà...: *En Madí s'hi assembla...*

Tampoc no menteix *Ell*, però sembla que despisti. A la seva biografia en les webs oficials, el seu pas per Tipel, propietat de la família Prenafeta, no hi és esmentat, ni de manera al·legòrica, malgrat haver-ne estat el director financer i el responsable de l'expansió de l'empresa. Tot i que arreu on vagi, especialment si es troba amb el món econòmic, recordarà que sap el que és *ser a l'altra banda del taulell*, la seva biografia pateix un atac de desmemòria. Tot el que diu del seu pas per l'empresa privada és:

> *Acabada la carrera, va començar a treballar al departament de comerç exterior d'un grup d'empreses industrials dedicat a la producció de material de logística i elevació. Uns anys després, va dirigir una societat d'inversions propietat d'un grup industrial del sector de l'adobament. Ha format part dels consells d'administració de la Caixa d'Estalvis de Catalunya i de La Seda de Barcelona.*

Logística i elevació, acabada la carrera...; sector de l'adobament, un temps més tard..., però sense que el nom de Tipel, l'empresa d'adobament de pells més important de l'Estat, propietat de la família Prenafeta, i presidida per Isidor Prenafeta, cosí de l'exsecretari de la Presidència, aparegui enlloc. Desaparegut de la biografia oficial, i desaparegut de l'imaginari en què es mouen els seus recursos dialèctics, Tipel viu als llimbs de la història, hi és però no hi és, com una mena de Santa Teresa que vivia sense viure en ella. Per què? Perquè finalment va acabar amb greus problemes econòmics i va desaparèixer? Perquè l'associa a la família Prenafeta? Per què és una arma usada amb desaforada alegria per part de l'oposició? Probablement per tot, atès que de Tipel pengen algunes incomoditats desagradables, entre elles la constatació del fracàs. Tot i que els sectors més seriosos de l'economia el consideren un executiu molt rigorós i auster *(Fue consejero de la Seda y puso como condición la limpieza de los propósitos de la operación de salvamento. 'Artur es un hombre tan competitivo como honrado. Pero si juega al póquer es para ganar; si no, se abstiene', señala uno de sus mejores amigos,* escriurà Xavier Horcajo al diari *El País* el 2001), també és cert que no és un home nascut per perdre.

Per això probablement ha viscut els anys de l'oposició com *una dura travessia* i per això mateix Tipel forma part dels calaixos tancats de la memòria.

Ho nega. *Per què no et recordes del teu pas per Tipel?* Ho nega, amb inequívoca incomoditat. (Parèntesi. En el seu cas, allò de la cara, el mirall de l'ànima, esdevé una evidència física, rotunda.) *No és cert. Sempre dic que he estat a l'altra banda del taulell.* Sí, però oblida on... *No. No ho oblido. No poso el nom de l'empresa a la biografia perquè és el nom d'una empresa familiar, privada, i no em sembla correcte. A més, jo no vaig estar a Tipel. És una més de les mentides que m'empasso des de fa anys. Jo vaig entrar a Vilassar Internacional, que era una empresa de diversificació dels negocis. Quan l'empresa mare, la de les pells, comença a anar malament, tanquen Vilassar, perquè s'han de concentrar a reflotar Tipel. I allà es va acabar la meva feina.* Però Vilassar diversificava els negocis de Tipel..., i les inversions finalment resultaran fallides..., i tot estava interrelacionat... *M'ho adjudiquen per fer-me mal polític. Jo vaig fer la meva feina. I, altrament, moltes empreses tenen problemes. Com si només n'hagués tingut aquesta, de problemes...* Potser no dorm, però Tipel dormisqueja als calaixos tancats de la memòria...

Prenafeta també forma part dels coneguts que dormisquegen en els calaixos tancats de la memòria? No serà un nom que sortirà de manera espontània de la seva boca. I quan explota l'afer Pretòria, la incomoditat és ben tangible i gairebé irritant. Noblesa obliga, també és cert que quan li pregunten si renega de Lluís Prenafeta, és taxatiu: defensa la seva honorabilitat, demana la presumpció d'innocència i diu que, en el terreny personal, li causa un gran dolor. I quan rep una trucada de Lluís Prenafeta, tan sols sortir de la presó, assegura: *No havia gosat trucar-lo encara, perquè preferia deixar-lo tranquil amb la seva família*. En algun moment, el visitarà. Com també visitarà Macià Alavedra.

Però el dia que, en el sopar privat amb *Ell* i la seva dona, les preguntes sobre aquesta desmemòria s'acumulen a la taula, *Ell* no cerca cap excusa per escapolir-se'n, i, agafat el brau per les banyes, és rotund: *En Prenafeta va ser un home molt important en aquest país. Algunes de les grans coses que es van fer a l'època d'en Pujol van ser obra seva. Sense anar més lluny, TV3. No tindríem TV3 si no hagués estat per la tossuderia i la intel·ligència de Lluís Prenafeta. Allà on el Pujol polític no podia arribar, hi arribava el Prenafeta executor. Ha estat un home molt maltractat per l'oposició, demonitzat. Però les grans fites del primer pujolisme no s'haurien aconseguit sense la seva empenta.* Les grans fites i... les més baixes. O no era l'home que pretenia dominar els mitjans de comunicació, que va proposar-se la delirant empresa de crear un diari propi, per tal de fer la guerra a *La Vanguardia*, i l'home que va moure's, amb inusual habilitat, per les clavegueres del poder? *Més mite que veritat. En Prenafeta ha estat un home important en aquest país.* Amic? *Persona estimada.*

L'aventi que explica en Trias és menor, però simpàtic. *En Prenafeta manava molt, molt, i es ficava en tot. Un dia, quan jo era conseller de Sanitat, em va prohibir fer una campanya sobre llet materna perquè deia que el pit de la senyora de l'anunci estava erecte. Però Lluís, li vaig dir, tots els pits que donen de mamar estan erectes! No hi va haver manera. Em va fer retirar la campanya. D'aquestes te n'explicaria un munt...*

Tots els indicadors condueixen a la mateixa conclusió: aquest indòmit Ulisses que navega per les aigües tèrboles de l'exili, camí d'Ítaca, no és un deixeble avantatjat del vell prenafetisme, ni el tapat d'un món que, en tots els sentits, ja no existeix. El *prenafetisme* està desat al museu de les velles glòries (o al museu dels horrors, *ça depend*) en la consciència del partit que, ara, després de Pretòria i *amb dolor*, l'ha donat de baixa. I per als nous dirigents, forjats en altres forges, és senzillament un vell espectre. Oriol Pujol és taxatiu:

> *Quan Artur Mas eclosiona, en Prenafeta ni hi és ni se l'espera.*

Ni hi és ni se l'espera. Certament, les simpaties per Lluís Prenafeta no abunden al partit de l'home que, aquesta vegada sí, pot arribar a governar Catalunya. Sorprenentment, el record d'en Pujol, que continua sent d'un valor inestimable per l'univers simbòlic convergent, s'ha despullat, també, del record del seu eficaç, omnipresent i totpoderós secretari de Presidència. Dia a dia, Jordi Pujol esculpeix el seu definitiu paper a la Història. I dia a dia, el món esculpeix l'oblit del paper que, en la Història, va tenir el seu antic i decisiu collaborador.

Ell manté l'estima i la valoració de l'obra de l'exsecretari de la Presidència. Però manté, també, la distància amb el seu record.

Desapareguda de la seva biografia oficial la relació amb la família Prenafeta, sembla desapareguda, també, del seu present polític. I si fou part del seu passat polític, ha esdevingut, definitivament, passat.

ELL I L'AMOR

Difícil saber quin poeta el descriu millor en l'amor. Sembla més aviat un home-Carner (*Sols perquè penso en vós, / el dia mor entre una glassa de color de rosa*), que un home-Papasseit *(Visca l'amor: / la volia i l'he pres)* i, sens dubte, no sembla un home-Estellés *(No hi havia a València dos amants com nosaltres. / Feroçment ens amàvem del matí a la nit)*. Però aquest és un terreny relliscós i sorprenent, on la majoria tendeix a no ser el que sembla. *Ell?* Cap notícia. Noucentista en les formes i auster en les emocions, podria ser els tres poetes a la vegada, perquè aquest home sembla capaç d'enamorar-se com Carner, prendre la iniciativa com Papasseit i, tal vegada..., com Vicent Andrés Estellés, feroçment... O no. En qualsevol cas, situat l'amor en el fred terreny de la pregunta i la resposta, així diu que ho viu, i així en parla:

P. R. *Saps estimar?*

A. M. *Sé estimar? Deixa-m'ho interioritzar... Jo crec que sí, el que passa és que cadascú té una manera diferent d'estimar, l'amor no és un patró universal que es pugui medir de la mateixa manera. Jo suposo..., clar jo conec la meva...*

P. R. *Però, quan t'has enamorat, has perdut el cap?*

A. M. *A veure, si per perdre el cap vols dir abandonar-ho tot, deixar-ho tot, doncs no.*

P. R. *No ets boig.*

A. M. *Ei, que és una possibilitat, però en qualsevol cas no m'ha passat mai, i porto molts anys amb la meva dona, l'Helena. Són 27 de casats i 30 que ens coneixem. I, home, jo me l'estimo molt la meva dona, però no només me l'estimo molt, sinó que a més tinc un concepte que..., és a dir, m'autoimposo voluntàriament uns principis de fidelitat a la parella. No perquè no hagi tingut oportunitat de trencar aquests principis, perquè n'he tingut força...*

P. R. *Tens èxit?*

A. M. *Força oportunitats vol dir força... Però he procurat sempre tenir un codi de conducta personal.*

P. R. *Un pacte de parella?*

A. M. *Sí, però és que un pacte a vegades es pot incomplir, en el sentit que, escolta, sempre pot passar alguna cosa. Jo només he demanat una cosa. Li vaig demanar una cosa a ella, i ella jo crec que també hi va estar d'acord. Que, si algun dia passava alguna cosa important, ens ho havíem de dir, que no hi podia haver ocultació.*

P. R. *Esteu en la fase adolescent. La sinceritat està sobrevalorada.*

A. M. *No ho sé. Per a mi és important. Ei, que jo li vaig dir una cosa..., que potser m'expliques una infidelitat i per mi és el final, també t'ho he de dir així. No t'asseguro que dient-*

m'ho la cosa es pugui arreglar. Després en broma també li dic, escolta, si a tu et passa això, cony, digue-m'ho, perquè jo també en tinc ganes, de tant en tant, m'agradaria... i si em poso aquest fre és perquè és el fre d'una fidelitat compartida.

P. R. *Fidelitat i lleialtat?*

A. M. *Sí, fidelitat i lleialtat. I també té a veure amb una altra cosa que, per a mi és molt important, que són els fills. Per a ells seria un cop molt dur que passés alguna cosa amb l'Helena. Ja no és només un tema de parella, de parella que s'estima. També és un tema de família. La gent que tenim sort en aquest terreny, tenim dret a temptar aquesta sort, deixant-nos dur per un egoisme personal descontrolat? Que, en definitiva, és això.*

P. R. *Res. Només es pot fer el salt amb algú estil Brad Pitt o Angelina Jolie, perquè aleshores no és una infidelitat, és una experiència vital...*

A. M. *Jo això també li dic a la meva dona; segons com, jo amb la Michelle Pfeiffer no t'asseguro que pogués resistir, he resistit més d'una vegada, més de dues i més de tres...*

P. R. *Als homes de la teva generació, la Pfeiffer us agrada molt.*

A. M. *La Pfeiffer els agrada? Doncs a mi m'agrada molt.*

P. R. *A en Màrius Carol li he sentit dir el mateix...*

A. M. *Sí?, a mi m'agrada molt, però molt vol dir molt. Vol dir que amb la Pfeiffer al davant, si ella em correspongués, que no ho faria mai..., no sé què passaria. Però, vaja, això és un exemple posat a l'extrem. La realitat és més simple. Jo, pel que fa a la relació de parella, m'autoimposo aquests límits. Tot i que en ocasions els traspassaria. No ho puc negar. Vull dir que faig un esforç de contenció.*

P. R. *Un home d'èxit, amb un esforç de contenció...*

A. M. *D'èxit no ho sé..., però contenció sí.*

P. R. *Dius que has tingut moltes oportunitats...*

A. M. *Si les hagués buscades una mica, n'hagués tingut moltíssimes. I, a més a més, no precisament de jovenet, sinó molt més ara. Ara molt més que no pas als vint anys.*

P. R. *Ets tu o el poder, el que agrada?*

A. M. *Això ja no ho sé. Pots pensar que, potser, és una combinació. A vegades és més el poder, a vegades sóc més jo. Ho veus fàcilment, quan coneixes la persona.*

P. R. *Tu estàs convençut que guanyes en la proximitat.*

A. M. *No és que guanyi en la proximitat. És que en la proximitat sóc jo, que és diferent.*

P. R. *I aquest Artur Mas de veritat és seductor...*

A. M. *Això no ho puc dir jo...*

P. R. *Quina percepció en tens, de tu mateix, en aquest terreny?*

A. M. *Hum..., no ho sé. Però hi ha una cosa certa, jo, per parlar de determinades coses, em sento més còmode amb una dona que amb un home.*

P. R. *Ja passa...*

A. M. *I no es tracta de seducció, però he observat personalment que, en aquest joc d'aproximació, que potser també és seducció, perquè sempre volem seduir, en aquest joc, si es tracta d'una dona, és relativament fàcil traspassar la barrera que jo no vull traspassar.*

P. R. *I, per tant, ho mates abans.*

A. M. *I aleshores hi poso també una altra barrera.*

Amb Helena Rakosnik es van conèixer a l'època que estava fent la mili i portava... bigoti! Lligava molt, a l'època? *No molt, no et pensis, perquè era molt tímid. Lligava, clar que lligava, tant com podia, però m'hauria agradat lligar molt més.* I al casament d'un amic de la facultat d'Econòmiques, a l'Hotel Santa Marta de Lloret, amb jaqués i esmòquings... *La núvia era cosina germana de la meva dona, i ens varen asseure junts. Jo anava amb cabell curt, bigoti i esmòquing. Era un gran casament i jo vaig llogar l'esmòquing perquè no n'he tingut mai, ni ara.* 13 de novembre de 1980. *Jo hi vaig anar a passar-m'ho bé. Mig sortia amb una noia, mig sortia però vaja..., vull dir que anava fent.* Un bigoti alegre... *Sí, un bigoti alegre. En aquell moment em divertia tant com podia, sense comprometre'm gaire.*

P. R. *I arribes a Lloret amb el teu bigoti.*

A. M. *Me'n vaig a Lloret i m'asseuen amb els amics, disposat a córrer una farra. I, coi, em trobo amb una noia allà al costat que era cosina germana de la que es casava. Ens vam posar a parlar en castellà, perquè ella venia d'una família en què la mare, la meva sogra, havia nascut a Narbona, però venia de família murciana i castellana.*

P. R. *Ella parlava normalment castellà.*

A. M. *Ella, a casa seva, parlava i parla castellà amb la seva mare, tot i que la seva mare ara fa de professora de català, com són les coses. Bé. I aleshores ens vam posar a parlar, de pesca, recordo, i mira, em va agradar tant que..., no vaig poder ni agafar el cotxe de tornada.*

P. R. *De borratxo que anaves.*

A. M. *Home, borratxo..., borratxo no, però havia begut i anava ben alegre. Al final vàrem tornar junts a Barcelona, la vaig deixar a casa seva i a partir d'aquí, doncs ens vam començar a trucar. Jo vaig deixar la noia que mig sortia amb mi en aquell moment i em vaig embolicar amb ella. Al cap de pocs mesos li vaig dir, quan vaig veure que la cosa anava molt més seriosament, perquè ens vèiem gairebé cada dia, vaig acabar la mili al cap de poques setmanes, i al final li vaig dir, escolta, jo tinc un problema i és que, si això va de debò, jo als meus fills no els parlaré en castellà. Jo, als meus fills, els parlaré en català, per tant...*

P. R. *I t'ho va acceptar?*

A. M. *Sí, li va costar un pèl, però va fer l'esforç. Pocs mesos va durar això. I et parlo de fa 30 anys! Des d'aleshores, sempre en català. Per tant, el mite aquell, una altra conya que han anat fent córrer, que l'Artur parla en castellà amb la seva dona..., és una mentida absoluta. Això ho han fet cór-*

rer en Carod i companyia per desacreditar-me a mi i per fer-me mal.

P. R. *Sí, és un mite d'Esquerra. L'he sentit tota la vida.*

A. M. *Per posar-me al mateix nivell que en Pasqual Maragall, que sí que parla amb la Diana en castellà.*

P. R. *I amb els fills.*

A.M. *I amb els fills. Però, cony, jo no.*

P. R. *Per tant, aquesta imatge que tu no tenies ideologia de cap mena, i molt menys catalanista quan eres jove, no és certa.*

A. M. *A veure, jo no tenia una ideologia catalanista, això és veritat.*

P. R. *No eres com en Carod, que diu que als vuit anys ja volia salvar Catalunya...*

A. M. *Ni com en Pujol, que als dotze anys va tenir una revelació, allà, a la masia de l'oncle, al Montseny, o al Tagamanent. Jo no. Ni als vuit anys, ni als dotze, ni als divuit. Ara, als vint anys, sí. Segurament em va ajudar el tomb de la sortida de la dictadura a la democràcia. El fet que es comencés a parlar a Catalunya del Tarradellas, del retorn de l'Estatut. Segurament se'm va anar obrint un món, que jo no tenia arrelat a dintre de casa i tampoc a casa es vivia aquell ambient... Ara, a casa sempre havíem parlat en català, entre nosaltres, i em deien Arturu.*

P. R. *Et deien Arturu...*

A. M. *Escolta, que el català l'ha salvat la gent que ha estat als tallers i a les fàbriques i als comerços i que ha dit Arturu i que ha dit Carlus i que ha dit Fernandu, eh!*

P. R. *No només, però sí....*

A. M. *No, cony, i en Coromines!*

P. R. *En Carner i l'Espriu...*

A. M. *I en Rahola.*

P. R. *Si em permets, sí.*

A. M. *Tots aquests, clar, però també aquella gent que, a peu de fàbrica i a peu de taller, no el parlaven bé i deien entxufe, no enchufe en castellà...*

Del seu capteniment a la universitat, de la manca de consciència nacional i, en definitiva, de com es forma en el compromís polític, en parlarà obertament. Serà aleshores quan envejarà el pedigrí antifranquista de Jordi Pujol.

Però de l'amor, no en dirà res més, momentàniament fugit del galop que el mena cap a la seva fita. Per una estona haurà aterrat al sòl dels homes normals, allà on bateguen els amors i els dubtes, les fidelitats i les temptacions. I haurà deixat de ser un candidat a la presidència. En pensar-hi, després de rellegir la conversa, la impressió serà d'haver viscut un rar moment de sinceritat, una esquerda en el seu escut protector. I caldrà agrair l'entrega en l'intent, la voluntat de donar-se a conèixer, tot i la rapidesa en què ha tornat a tancar la porta. Certament, és tímid i certament és un home tancat. *La vida interior...* Però també és afable i càlid i intenta facilitar, en tot moment, la feina de la impertinent mirada que l'escodrinya. Hi haurà un dia que dirà, *no sé si em fa por que mai no arribis a endevinar-me, o em fa por que m'endevinis...*

Sobre l'amor, en el fons, no cal endevinar-lo. Resulta ser, o així ho sembla, un home sense artificis.

Dona, sé el gust d'abraçar-te, i la nosa.
Dona, sé el gust de fugir, d'enyorar-te.
Si el teu record suplirà la conversa,
saber-te lluny no supleix el tenir-te.

Guerau de Liost

LES GRANS COSES LES SOMIEN ELS POETES I LES DUEN A TERME ELS POLÍTICS

En Rigol és en Rigol. Incombustible. Erudit. Lúcid. Plom. A la taula, on Joan Rigol comença el seu discurs, resten parats els productes que produeix la gent de la Cuina Justa. És hora de dinar. Ramon Tremosa i Josep Lluís Cleries l'acompanyen en la visita a aquesta empresa solidària, que agrupa gent amb *fragilitat mental. 98 joves amb discapacitats i també amb malalties mentals. Nosaltres no discriminem entre uns i altres. Tots pateixen alguna mena de fragilitat mental,* diu Francesc Vila, el director de l'àrea social. *Però no fem paternalisme. Som una empresa, no estem per crear vinculacions emotives, estem per donar un sentit, una feina, un motiu a aquests joves. Som el braç social d'altres...*

Ell escolta amb molta atenció. En llocs com aquest, aguditza aquest sentit, s'imbueix de transcendència, sembla voler demostrar que, per damunt de l'economista i del polític, hi batega un esperit social. Mala consciència de classe? Difícil saber quant hi ha de veritat, i quant de momentani interès, abduït per la força del que allà s'explica. Però una cosa és certa. Per molt que la paraula solidaritat hagi estat monopolitzada, els darrers anys, per l'esquerra, hi ha un activisme social molt sòlid i molt antic vinculat al món del nacionalisme, fonamentalment al de caire cristià. Joan Rigol, per exemple, és el president de la Fundació Cassià Just, que va fundar la Cuina Justa el 1994. I Josep Lluís Cleries, responsable de política social i immigració al Parlament per CDC, porta tota la vida en el voluntariat. President del Moviment de Centres d'Esplai Cristians, vicepresident de la Fundació Pere Tarrés, fundador de la Coordinadora Catalana al Servei de l'Infant, històricament vinculat a algunes de les lluites socials més colpidores. Cada vegada que acompanyi el seu líder, en actes socials, serà un home conegut i reconegut, no debades moltes de les iniciatives les haurà ajudat a construir.

Ell ho haurà escrit temps abans, en el seu discurs sobre la Casa Gran: *Un catalanisme sense vocació de justícia social equivaldria a un catalanisme sense ànima. I un catalanisme sense ànima, simplement no és catalanisme.*

A taula, la conversa gira al voltant dels valors. Francesc Vila formula una petició. *Si ets president, només et demano una cosa: que ens convidis a dinar de tant en tant, per tal que escoltis el que t'haguem de dir.* En Rigol s'apunta al dinar. I aleshores, impel·lit per la seva inevitable tendència a convertir qualsevol estona en un tractat de filosofia, amb rigorosa prèdica cristiana afegida, inicia una llarga reflexió sobre la societat, la pèrdua de valors i el capteniment dels polítics. Etziba de memòria, *ho deia en Cambó de jove. El polític ha de tenir, per necessitat, fe en el seu poble. Si la perd, es torna un escèptic. I d'un escèptic a un cínic, hi va el tel d'una ceba. I aleshores, si esdevé un cínic, ha de fer com el capellà que perd la fe en Déu. Ha de plegar.* Però aleshores, on queda el despotisme il·lustrat? Sens dubte devien ser una colla de cínics. I, tanmateix, varen resultar uns cínics molt útils...

Calla. Calla molt mentre en Rigol fa la prèdica de la muntanya —*s'estan perdent valors, abans la gent tenia cura d'uns i altres, l'egoisme de la societat actual.* I de sobte, com si li haguessin pitjat una tecla somorta, alça la veu amb una certa contundència. *No hi estic d'acord. Estem parlant de crisi de valors? Doncs jo veig un munt de joves involucrats en multitud d'accions socials, i tota la societat ha millorat en tolerància i en respecte als discriminats. Què hi passava, abans, als pobles, amb el 'tontet'? Què es feia amb el noi homosexual? El 'maricón', li deien... O amb les dones? No es pot dir que estiguem pitjor en valors. De cap manera.*

Té rampells d'aquests. En converses com la que s'està produint a la Cuina Justa, acostuma a reaccionar amb aquest doble capteniment. Primer escolta molta estona, calla, sembla que atorgui la raó a qui fa el discurs, recorda una mica l'estereotip del líder-titella, amatent a qualsevol que alci la veu per damunt de la resta; però, de sobte, apareix el seu geni, reacciona, dóna una opinió contrària i, de manera immediata, aconsegueix la complicitat de la sala. I, aleshores, lidera el grup, de manera gairebé natural. Generalment diu coses amb molt de seny. Mai no resulta un home d'idees estridents, ni en la política, ni en la vida. *Un cap ben pentinat...*

Un cap ben pentinat? En escriure l'expressió, cap mala intenció baveja al text. És un simple intent de trobar una fórmula original de dir *cap ben 'moblat'*. Al capdavall, entre mobles i cabells, els cabells s'adiuen més als caps. Però tan sols teclejar el mot *pentinat*, s'han disparat les alarmes. Paraula prohibida. És a dir, paraula incòmoda. Tantes vegades li han dit que és *un home ben pentinat*, en un sentit foteta, fatxenda, obertament pejoratiu, que ha convertit aquesta expressió en maldiença. I ho victimitza: *Això del pentinat també té la seva llegenda. Al final, cony, tampoc ho he d'explicar tot per tot arreu... Però jo, als quatre anys, em vaig cremar tot el cap amb oli bullent a la cuina. Tot el cap sencer i tota la cara, amb quatre anyets! Corria per la cuina, era un torracollons, segu-*

rament, i fent la baldufa em va caure la paella. Me'n recordo molt vagament, però sí que recordo que el metge venia a casa i em curava les crostes que tenia per tota la cara. Encara en tinc alguna al front... Me les anaven cuidant amb unes pomades i me les anaven traient i la cara em va quedar bé. Però no es van adonar que tenia el cap ple de crostes, aquestes no les van veure. I quan les van veure, havien cicatritzat d'una manera que ja no eren a temps de curar-les. Imagina-t'ho. I parlen del ben pentinat... Però si jo em pentino d'una manera tal per intentar que tot això que encara tinc al cap no estigui en exhibició permanent! I ja està, 'el ben pentinat'.

Exagera? Sens dubte, és cert que ho ha passat malament a la vida, per motius diversos. I és cert que la imatge de triomfador el molesta, no debades creu que no li han regalat res; lluitador des que en té memòria. A més, sap perfectament que la imatge de triomfador és negativa, al paradís de la mediocritat que és Catalunya. Però també té una tendència molt notable a exhibir allò que l'Homs en diu *l'èpica del patiment*, per bé que l'Homs parla de Catalunya i no d'*Ell*, quan en fa referència. *Som un país que quan demanes voluntaris per fer una passa endavant, tothom fa una passa enrere. I, a més, generacions senceres ens hem educat amb allò del 'nen, no t'hi emboliquis'. Jo mateix sóc fill del 'nen, no t'hi emboliquis'.*

Catalunya, el país al qual li agrada patir. *Fixa't en Montilla. És el pitjor president de la història de Catalunya. Un mediocre sense cap altra capacitat que escalar en el partit. Però mira com ens el venen. Ens venen: Pobret, no va poder estudiar perquè treballava. I jo també! Jo sóc fill d'una família molt normal. No ens sobraven els diners. I vaig haver d'estudiar i treballar alhora, com tanta altra gent. I en Montilla no podia? Vinga! Però fixa-t'hi, tots l'aplaudeixen perquè li atribueixen una certa èpica del patiment.* Així el descriu Alfred Rexach a *La Vanguardia* a la crònica del llibre que, sobre José Montilla, ha escrit el periodista Gabriel Pernau:

> *No tiene carisma ni es un buen orador, resulta hermético. Puede parecer el hombre invisible y con demasiada frecuencia da la impresión de ser francamente aburrido. Nació en El Remolino, una pedanía de Iznájar (Córdoba), de apenas cuatrocientos habitantes, y vivió hasta los once años en la humilde casita familiar que ni siquiera disponía de agua potable y en la que una sola bombilla servía para iluminar toda la estancia. Cursó estudios secundarios, pero no llegó a licenciarse ni en Derecho ni en Económicas, aunque hoy parece que no le preocupa lo más mínimo.*

L'èpica del patiment. *Resulta que en Montilla no té cap gràcia* —ho diu l'Homs—, *no va decidir preparar-se professionalment, s'ha dedicat només a conspirar en un partit i, apa, resulta que no tenia llum a casa i és un heroi. Que bé que queda patir, a Catalunya! A l'Artur, en canvi, sembla que tot li ha anat bé. Guapo, dona guapa, tres fills, família ben situada, el primer de la classe... I tot això no és cert, però com que ho sembla...* I afegeix: *Ara sembla que comença a caure bé perquè dóna la impressió que ha patit.* Com era allò d'*ens ha anat bé ser a l'oposició?...*

Mesos més tard, en una entrevista de Cristina Puig al *59'* de TVE, *Ell* deixarà anar una frase que, per als seus, tindrà un sentit molt profund. Preguntat pels seus vuit anys d'oposició, dirà: *Gairebé m'han fet un favor, a nivell personal. En el fons, sento que m'he conquerit a mi mateix. Hi ha una frase de Plató que ho diu. 'La primera i la millor victòria és la conquesta d'un mateix'.*

Sento que m'he conquerit a mi mateix...

Quan la seva dona, l'Helena, escolti aquesta frase, se sentirà colpida. L'Helena ha estat en un moment gris, ajudada mèdicament, no en va el que li ha passat té a veure amb la física i la química. I es preguntarà, *i jo, m'he conquerit a mi mateixa?* La pregunta motivarà una llarga i delicada conversa...

Després de la visita a la Cuina Justa el dia continua, com la resta de dies, farcit d'activitats, entrevistes, visites, xerrades, *trepitjar la pols dels camins...* I la pols porta al ciment. L'espera la plana major de Ciments Molins, la gran cimentera que, amb un pressupost de 12,5 milions d'euros, ha aixecat, entre Pallejà i Sant Vicenç dels Horts, unes instal·lacions noves, les més modernes del sector a tot l'Estat. Treballen 600 persones a l'obra. Tot i que els guanys de l'empresa a Catalunya han caigut espectacularment, en coherència amb la frenada de la construcció, l'obra s'ha pogut fer per l'èxit de les empreses que Ciments Molins té a l'estranger. Enric de Boves, el director general, l'hi explica amb una indissimulada complicitat. *El consum de ciment per persona i any ha passat de més de 1.200 quilos, a prop de 600. Hem perdut la meitat de la venda. Però, per sort, les fàbriques de Mèxic, Argentina i Bangladesh van molt bé, i la de Tunísia, que s'està construint, té bones perspectives.* I aleshores enfila una llarga explicació sobre previsions, millores, problemes.

Moltes dificultats per aconseguir la llicència de Medi Ambient, i això que aquesta és la instal·lació més ecològica que s'ha fet mai en matèria de ciments. Els del Colectivo San José, que s'hi oposen, no paren... Apareix Joan Molins, el germà clon de Joaquim Molins, gairebé exactes, la veu, les maneres, el somriure sempre obert, com el posat etern d'una foto. *És la crisi més forta que hem viscut mai. La crisi del 74 va ser dura, però aquesta... De 55 milions de tones de consum, hem passat a 25. L'any màxim de vendes va ser el 2007.*

El 2008 varen caure un 24 %, i el 2009, un 30 %. I no estem gens segurs que no baixi més. El sector immobiliari està enfonsat. I ja veuràs que l'obra pública encara baixarà més. Però nosaltres vam decidir no aturar cap inversió, cap.

Som les úniques grues del Baix Llobregat...

I no hem acomiadat ningú, ningú! Cap ERE! I tampoc no hem fet congelació de salaris, tot i que, amb els números a la mà, hauria tingut sentit. Però com que aguanten les empreses a l'estranger, hem decidit aguantar aquí. Certament meritori. En un moment determinat, una bala a la jugular del Govern. *És molt difícil per a les empreses tirar endavant amb aquests de Medi Ambient. Artur, les empreses necessitarem la vostra ajuda.*

I aleshores fan la història d'aquesta gran empresa, nascuda el 1928, a Quatre Camins de Pallejà. Allà hi varen edificar la primera fàbrica.

Les fàbriques. Li agraden. *Els anys, però, a dins la fàbrica / es dilueixen en l'opaca / grisor de les finestres,* haurà escrit Miquel Martí i Pol, molts anys abans. Però per a *Ell* no es dilueixen en cap opaca grisor, sinó que contenen una densa olor d'infantesa. La magdalena de Proust d'Artur Mas fa soroll de màquines a les cinc de la matinada, i de jocs entre telers i motors a les fàbriques dels avis i dels pares, al Poble Nou o al carrer Indústria de Sabadell. Se'l nota eufòric, content de ser en una empresa que aixeca el cap i s'arrisca, al bell mig d'una Catalunya en crisi. Ho dirà com si fos un nen petit: *Les fàbriques amb vida m'emocionen.* És al lloc adequat. Ciments Molins gaudeix de molta vida.

Una curiositat. *El ciment no suporta el transport. És massa barat. Viatja malament.*

Abans de sortir, tanca l'enèsima porta. Les tanca totes, inconscientment, com un acte reflex. En preguntar-li, dirà: *Sí, sempre tanco les portes. I els llums!, sobretot els llums! No me'n vaig a dormir que no hagi tancat tots els llums de la casa.* Inevitable recordar la frase del pare. *Hi ha un lladre a l'habitació. Apaga'l!...*

Altrament, Françoise Sagan va dir: *Només tancant les portes al nostre darrere, obrim les finestres del futur.* És per això que tanca les portes?

De Ciments Molins a la Fundació Iris. De la Fundació Iris, a l'entrevista amb Montse Lunes, a la televisió de Sant Vicenç dels Horts. I de Montse Lunes, al sopar, dempeus, amb un centenar de simpatitzants. Cap moment semblarà esgotat. Cap moment deixarà d'interessar-se vivament pel que fa. Cap moment donarà a entendre que està fugit. Incombustible? Si més no, és indiscutible que ho sembla.

A la Fundació Iris, també d'obra social, on 250 persones amb discapacitat hi troben tot el cicle vital, escola, treball, residència, es repeteix l'esquema de la Cuina Justa: origen cristià de l'obra social. Els cansats fan la feina, i en aquest cas els cansats eren joves que volien fer feina social als anys setanta. *Era el 1974. Un grup de nosaltres, per lliure, vàrem començar a donar classes a les cases, i un dia, en una hi vàrem veure que tenien un noi amagat. Era deficient. El capellà del barri va començar a indagar, i vàrem descobrir que n'hi havia més. Abans, molta gent amagava els deficients. Era com una mena de vergonya.* I amb el mossèn, l'empenta dels setanta i la bona voluntat, varen crear una fundació que ha donat assistència i oportunitats a centenars de persones al llarg dels anys. *Artur, t'explicarem el cas d'un nen nostre, adoptat als tres anys, sabent que era discapacitat. Va entrar a Iris amb un 60 % de discapacitat. Avui és a Andorra en un campionat internacional d'esquí...*

Abans d'anar-se'n sentirà com l'alcaldessa socialista de Sant Vicenç i membre de la Diputació, Amparo Piqueras, els posa tota mena d'entrebancs. *I tot perquè al llibre del nostre aniversari no vàrem posar la seva foto inaugurant l'escola. Però, és que no hi era! Encara no era alcaldessa! Des d'aleshores, ha rescindit contractes amb la fundació (entre d'altres, feines de jardineria), no ens ajuda i ens fa notar el seu menyspreu.* Tenen seriosos problemes econòmics per acabar la residència que estan construint. *Amb l'escola ens van ajudar més de 55 empreses, però ara, amb la crisi, ningú no ens ajuda. Tenim 600.000 euros, però estem a la meitat. Estem molt preocupats. Ell* els recomana un sistema pont de concertació. *Et vindrem a veure, si guanyes.*

Montse Lunes, que fa anys que condueix el seu programa a la televisió de Sant Vicenç, també té cuites amb l'alcadessa. *Ens ha deixat sense local, i sense ajudes, intenta que morim. I mira, som precaris, però no morirem.* Ho diu una dona baixeta, decidida, molt arreglada, que es defineix a si mateixa: *De revolucionària no n'he sigut mai, però de* terremoto, *sí.* I, com qui no vol la cosa, li fa una entrevista intel·ligent i sucosa. A Montse Lunes li diu una frase que després repetirà en televisions d'àmbit nacional.

L'oposició és una escola d'humilitat.

I també al sopar... Arreu on hagi estat i amb qui hagi parlat, el nom d'Amparo Piqueras, flamant alcaldessa de Sant Vicenç, queda esquitxat. No ha trobat ningú que en parli bé, i n'ha trobat molts que se senten víctimes de la seva política. És evident que es mou en territori propi, i que els seus interlocutors no són tot el poble. Però també sembla cert que el teixit associatiu de Sant Vicenç està molt cremat amb aquesta alcaldessa. Cati Mestres, la candidata de CiU a Sant Vicenç, ho resumeix amb una frase demolidora: *Té un ego paranoic. O estàs amb ella, o estàs contra ella.* Contra *Ell* no hi està, la gent que ara l'escolta embadalida, mentre endrapa uns magnífics platets de fideuà. *Teniu cara de gana*, els ha etzibat *Ell*, només arribar, i la frase és el tret de sortida d'un frenesí devorador que deixa les safates netes com una patena. *Ell* parla, dóna mans, es fa fotos, somriu, apunta, abraça, pregunta, respon, exclama, s'interessa, afirma i esgota tots els verbs de la gramàtica d'un candidat en campanya electoral. Quan, a quarts d'una de la matinada, enfili el camí de casa, la conversa al cotxe continuarà viva. I continuarà no semblant cansat. La pregunta es repetirà, en l'espai clos que ara l'acompanya. *Val la pena? Tot això val la pena?* I novament la resposta serà difusa. Difusa i... no pas difosa. Caldrà esperar unes quantes setmanes, per tenir una resposta clara.

Quan ja s'hagi acomiadat, i la densitat del dia caigui a plom damunt el bloc de notes, una frase que ha dit en algun dels llocs que ha visitat retorna espontàniament.

> *Les grans coses les somien els poetes i les duen a terme els polítics.*

Quins són els poetes que somien grans coses, a la Catalunya actual? I quins, els polítics que les poden dur a terme, en aquest paradís de feliç mediocritat? Se sent polític de grans fites? Llegeix els poetes que les somien? Els tenim? Després d'un dia com aquest, i a aquestes hores de la nit, certes preguntes resulten d'una impertinència insuportable. Però la constatació està feta. Sí. *Ell* se sent un polític que pot fer grans coses. La qüestió és saber si ha trobat els poetes que les somien.

PARÈNTESI

La majoria dels seus col·laboradors dirà que té un punt d'ingenu, respecte de la política. I dos d'ells explicaran la mateixa anècdota que haurà viscut, en pròpia carn, David Madí. *Estàvem a la conselleria d'Economia. Jo li feia de cap de gabinet. Va venir a veure'ns un paio, un empresari que..., bé..., feia un tuf... Era evident que ens volia vendre una moto i no semblava gens net. Li vaig dir, 'aquest paio ens ha intentat prendre el pèl de mala manera'. I, mirant-me estranyat, va dir: 'Què dius? Mai no gosaria mentir-me. Sóc el conseller d'Economia de la Generalitat!'*

En Trias, però, afegirà: *Ja no és tan ingenu.*

Altrament..., en alguns moments..., els ingenus semblaran els seus col·laboradors...

SI TU NO HI ETS / A QUI M'ADREÇARÉ? / SI TU NO HI ETS / QUI ENS JUTJARÀ?

Hi ha moltes maneres de conèixer algú, i una d'elles té a veure amb com parlen de la persona, els que la van conèixer, quan ja és morta. Si aquest és el cas, Pere Ribera i Ferran va ser un gegant. I no només per la longevitat de la seva vida professional, en actiu fins a la seva mort, als 94 anys. També, i sobretot, per l'empremta profunda que va deixar en generacions d'alumnes que varen passar per les seves mans, tant al Liceu Francès com, després, a l'escola Aula. Persones de la talla de Jorge Wagensberg, Ramon Espasa, Salvador Giner, José Manuel Lara, Josep Oliu, Diana Garrigosa, Jordi Sarsanedas, o el mateix Artur Mas, varen ser alumnes, pares o mestres de l'escola Aula, i la suma de cervells notables que va ajudar a formar representa un llegat cultural i social d'una enorme categoria. Probablement per això, quan Tomàs Nofre, exercint de mestre de cerimònies, obre l'homenatge a l'aula magna de l'escola, utilitza el poema que Pere Quart va adreçar a Carles Riba, quan va morir:

Si tu no hi ets
A qui m'adreçaré?
Si tu no hi ets,
Qui ens jutjarà?

Setmanes abans, repassant l'agenda, *Ell* haurà dit, *Pilar, si vols conèixer-me de veritat, si vols saber què sóc i per què sóc com sóc, has de venir a l'homenatge a Pere Ribera. Jo sóc Aula, i sense Aula, no seria com sóc.*

Pere Ribera... Dirà d'ell Jorge Carrión, a l'article que li dedicarà al diari *El País*, el dia de la seva mort: *El personaje literario al que más se parecía Pere Ribera i Ferran, fallecido en Barcelona el 16 de diciembre a los 94 años, es monsieur Rivière, el protagonista de* Vuelo nocturno, *de Saint-Exupéry. Despersonalizados por una concepción extrema de la responsabilidad, ambos estaban convencidos de que para abrir nuevos horizontes es necesario el sacrificio, de que los triunfos pesan como losas, de que el poder debe ser ejercido con el mínimo número de concesiones. El director de una compañía aeropostal de principios del siglo pasado y el director del mejor colegio de Barcelona compartían, también, la fe ciega en la capacidad transformadora de la comunicación humana.* I afegirà, *mente brillante, profesor cultísimo de historia del arte, lector voraz de intereses muy variados, líder nato con capacidad idéntica para la seducción y para la insolencia, visionario de la educación multilingüe, defensor a ultranza de la independencia.*

Despersonalitzat per una concepció extrema de la responsabilitat...
Necessari el sacrifici...
Els triomfs pesen com lloses...
El poder ha de ser exercit amb el mínim de concessions...
És *Ell*!!!! Sí, és *Ell*!!! Com diu Germà Gordó, *és un aulito!*

L'acte és d'una excel·lència extrema, cuidat en els detalls, d'un bon gust mesurat i d'un mesurat bon sentit. És bell, i fins i tot aquells que no varen conèixer Pere Ribera gaudeixen de l'homenatge que li fa la seva gent. *Constant, tossut, intel·ligent, crític, mai no es donava per vençut, gran lector, gust exquisit, sensibilitat artística,* dirà Carme Roca. Per afegir, *el senyor Ribera no hauria permès aquest homenatge; l'hauria organitzat ell mateix.* Sona el cor de cambra d'Aula i Capella Francesa. *Regina Coeli KV 276,* de Mozart. I alesbores, el poema de Jordi Sarsanedas:

... En tu,
tenen més pes, més cos, més consistència,
l'un rere l'altre, reflex de reflex, ressò.
Les teves paraules han pres forma
a la boca del mort...

I el de Joan Vinyoli:

... Sóc una golfa plena
de mals endreços, però cap soroll
ningú no sentirà quan la devasti
la màquina del temps...

Dolors Folch, *tenia tota l'escola al cap...* Més Mozart: Quintet Glinka. *Quintet per a clarinet i cordes en La Major K 581...* Jorge Wagensberg, *el que em va ensenyar em va quedar gravat per sempre.* Més música: Gerard Guerra. Interpretació al piano de la peça pròpia *La calma d'un mar embravit,* composta per al norantè aniversari del senyor Ribera. Rosa Flos, actual directora, *la formació completa ha d'erigir-se en la recerca de l'excel·lència.* José Manuel Lara, alumne, pare i nét de l'escola Aula, *a Ribera és a qui més dec, després de la meva família.* I també: *A Ribera el molestava que li digués que el Liceu Francès era una mica comunista, però n'hi ha hagut tants d'allà a la refundació del PSUC...* Per rematar, *vaig patir i gaudir Pere Ribera.* I també Josep Oliu, president del Banc de Sabadell, vicepresident del consell d'Aula i pare d'alumnes, *era una persona sempre insatisfeta, perquè busca-*

va el camí de l'excel·lència. Per rematar, Ernest Maragall, *la presència de l'Administració en un acte com aquest només pot ser de respecte i humilitat.* Amb una frase final que, segurament, esdevé, en el record dels que el coneixien, una metàfora del propi Pere Ribera. *No us pregunteu què diria, digueu. No us pregunteu què faria, feu. No us conformeu a gestionar un llegat, milloreu-lo.* Canta el cor de Cambra d'Aula. *Cançó d'Amistat*, l'himne de l'escola. S'acaba.

Aula és l'Eton catalana? Podria ser, atesos els noms propis de la societat catalana que hi han tingut a veure. *Gossos de casa bona*, els etzibava el propi Pere Ribera. Escola d'elit, d'altíssim nivell acadèmic —*molts no poden seguir el ritme*, comenten els Mas, i estan parlant d'algun dels propis fills—, Aula és, certament, un món a part. I ha format, amb un patró exigent i estricte, els alumnes que han passat per les seves mans. Certament, al Parlament de Catalunya no passaria el que passa al Parlament britànic, que, tal com explicava un articulista del *Times*, poses boca avall els diputats i et cauen a dotzenes els carnets d'exalumne d'Eton. Però a la Gran Bretanya és difícil concebre un dirigent polític que no presenti el millor currículum acadèmic. A casa nostra, en canvi, s'exhibeix com a mèrit que el propi president no hagi acabat una carrera, que no parli cap idioma —i amb prou feines, el del país—, i que el nombre de diputats que l'imiten sigui molt considerable. Xavier Trias dirà en algun moment, *això d'en Montilla té molt de mèrit. Arribar on ha arribat, venint d'on venia. Però és un pèssim president.* Tanmateix, el Parlament és això, un centre ocupacional, o és el lloc on han d'anar els més preparats per dirigir la societat?

Estrany país aquest, on, per dirigir-lo, és un mèrit no tenir estudis, i un demèrit ser el primer de la classe.

Anys abans de l'homenatge, el 2005, en el seu discurs titulat *Catalunya sense límits II*, *Ell* citarà una frase de Tony Blair que sembla el lema de l'escola Aula:

> *We know what makes a good school. Good leadership; great teachers; strong discipline; a love of learning.*

L'homenatge de l'escola Aula a Pere Ribera acaba, doncs, com ha començat. Amb gran elegància. I amb elegància sura, a l'ambient, l'ombra gegantina del gran pedagog que la va inspirar. Amic de Joan Vinyoli, de Bartomeu Rosselló-Pòrcel, de Salvador Espriu i de la resta dels grans intel·lectuals que varen *salvar els mots*, Pere Ribera fou, en certa mesura, el salvador d'una manera d'entendre el coneixement i l'educació. *Jo no he inventat res. Miro el que passa al món, i les coses que veig les adapto a l'escola.* A l'escola, entesa com l'espai de l'exigència i l'esforç, el temple de la cultura. *La història s'accelera constantment. Al contrari de l'escola, que ensenya el que ha passat.*

Escoltant amatent i, a estones, emocionat l'homenatge, l'home que és observat, observa l'espai que el rodeja. *Jo sóc Aula*, haurà dit, i certament Aula batega en les accions que fa, en el capteniment que té amb els que el rodegen, en com percep el sentit de l'esforç, en el sentit del sacrifici... *Un govern dels millors*, prometrà al discurs a la Vall d'Hebron, i haurà estat aquí, al bell mig d'aquesta escola, on li hauran inculcat la idea de l'excel·lència. Pel sotabigoti, Oriol Pujol dirà, *això del govern dels millors ha creat un cert nerviosisme al partit...* Mentrestant, alguns altres companys ja remenen el calaix dels noms possibles. *Jo agafaria la Tura*, diu un. *Jo fitxaria en Castells,* opina un altre. I qui contempla l'escena pensa que, posats a fitxar un conseller socialista, el tipus més adient és Ernest Maragall. Però tot això no té a veure amb Aula i molt probablement tampoc no té a veure amb el que realment el mou a *Ell* quan formula la idea. Els seus col·laboradors no estan parlant de l'excel·lència, ni d'un concepte espartà de la vàlua professional... Estan parlant de fitxatges, de repartiment de càrrecs, i del *qué hay de lo mío*... I en canvi, l'exalumne que ara participa a l'homenatge al vell professor, mentre lluita per arribar a Ítaca, l'home que vol ser president pensa en la disciplina interior, l'esforç personal i la competència professional quan pensa en *el govern dels millors*. Segurament està molt lluny d'uns noms i d'unes contingències, i molt a prop d'un ideal del coneixement.

L'excel·lència com a fita que mai no s'assoleix, però... que sempre es cerca... Una idea central d'Aula. Una idea central de l'home anomenat Artur Mas i Gavarró.

Cap al final de l'homenatge, al paper on hi ha el programa, escriu a mà i de memòria un fragment del poema *Ítaca* de Konstandinos Kavafis. *T'ho havia promès*:

Sempre tingues al cor la idea d'Ítaca.
Has d'arribar-hi, és el teu destí.
Però no forcis gens la travessia.
És preferible que duri molts anys
i que ja siguis vell quan fondegis a l'illa,
ric de tot el que hauràs guanyat fent el camí,
sense esperar que t'hagi de dar riqueses Ítaca.
Ítaca t'ha donat el bell viatge.
Sense ella no hauries pas sortit cap a fer-lo.
Res més no té que et pugui ja donar.
I si la trobes pobra, no és que Ítaca t'hagi enganyat.
Savi com bé t'has fet, amb tanta experiència,
ja hauràs pogut comprendre què volen dir les Ítaques.

(Traducció de Carles Riba.)

Aleshores dirà:

Jo sóc el que has vist, i aquest poema...

Temps després, parlarà molt d'Ítaca, de la travessia, de la resistència, del destí... Ho farà en un to èpic, i ho farà convençut d'haver patit. *Les hem passat putes*, haurà dit Francesc Homs, i aquest *passar-les putes* es respirarà en moltes de les converses que tindrà en referència als darrers vuit anys. Els anys en què ha resistit. Els anys en què s'ha conquerit...

És a prop d'Ítaca? Tot ho fa creure, enquestes molt favorables incloses. Però quan *Ell* pensa en Ítaca, no pensa només a guanyar unes eleccions o governar. Pensa a canviar Catalunya. I és aquí, en aquesta ambició històrica, on rau l'èpica del seu sentiment. O l'excés del seu anhel.

Jo sóc el que has vist, i aquest poema...

L'home que més l'influeix és David Madí.
No té capacitat de lideratge.
No té nivell. És un robot. El madelman català.

Sobre el pinyol s'ha dit i s'ha escrit molta cosa. En la majoria dels casos, de forma despectiva, i en la majoria dels casos, també, com a ariet per minar la capacitat d'autonomia i el lideratge d'*Ell*; per radicalitzar el seu discurs. Segons l'estereotip, el pinyol seria el nucli dur d'una mena de govern de Mas a l'ombra, dominat per un grup de joves radicals, provinents tots ells de l'activisme independentista i de l'entorn familiar de Jordi Pujol. Aquesta espècie de pinyol, segons la llegenda urbana, influiria de manera definitiva i el tindria pràcticament segrestat. Els caps visibles d'aquesta influència *nefasta* serien David Madí i el fill *polític* de Jordi Pujol, Oriol Pujol Ferrusola.

L'obstacle és en Mas, la rèmora és el 'pinyol' (...) *Quin és el principal obstacle perquè avui la tan comentada sociovergència prosperi? Molt senzill: el senyor Mas i el 'pinyol' que el té discursivament segrestat.* Blog de Joan Ferran, agost de 2009.

CDC tiene unos estrategas que no sólo confunden los deseos con la realidad, sino que viven, encantados, en la estratosfera, creyendo a pies juntillas que los equivocados son todos los demás, incluidos los electores. Lo que nadie entiende en Cataluña es que Artur Mas sea prisionero de cuatro 'nens' que en su vida no han hecho otra cosa que vivir del presupuesto público y decir sandeces. Eso sí, una tras otra y en perfecto orden. Josep López de Lerma, notable roquista de les èpoques de les velles cuites. *Expansión*, juliol de 2009.

El proper cap de setmana, Convergència Democràtica ha de trobar el consens de tots els seus sectors per tornar a afrontar el repte d'intentar un nou assalt al Govern de Catalunya. Artur Mas, avui, ja no és el líder artificial, però fresc, que va deixar Jordi Pujol, avui ja és un home gastat per ell mateix que no ha sabut suportar la seva estada a l'oposició. Però més que el propi Mas, el que ha cremat ha sigut aquell nucli, el 'pinyol', que ha portat el partit cap a l'actual desgavell. CDC, partit sobiranista, o CDC, el gran centre català i democràtic del país. Les dues coses no es poden fer des d'una mateixa força política. Col·lectiu Joan Creixell, juliol de 2008.

Un estudio elaborado por la Universidad Autónoma de Barcelona hace unos años sobre los cargos públicos de la Generalitat descubría que la nueva generación de jóvenes que estaba asumiendo puestos de responsabilidad con CiU era una generación mejor formada que la anterior. Esta generación, a la que se denominaba 'Generación Cataluña', había crecido ya a la sombra del poder. Sus detractores comenzaron a llamarles los 'talibanes' o 'el pinyol' ('el hueso'). A ella pertenecían todos los que ahora copan la cúpula de Convergència: Felip Puig, Oriol Pujol, David Madí, Francesc Homs...

La característica principal era que realizaban planteamientos más rígidos y con un nacionalismo que iba mucho más allá que el que ostentaban los entonces hombres fuertes de CiU. 'Se concluía que era la 'Generación yuppie' de CiU y que sus formas, métodos y contenidos eran los de un corre-

dor de bolsa, pero aplicados a la política', dice un experto en el tema. Tiempo, octubre de 2007.

Els membres del pinyol no van passar per la Joventut Nacionalista de Catalunya (JNC), planter convergent que va marcar Recoder, Campuzano i Rull, sinó per la Federació Nacional d'Estudiants de Catalunya (FNEC). Aquest punt en comú va forjar l'aliança que avui qüestiona obertament la decisió d'Artur Mas d'entregar a Oriol Pujol el protagonisme al Parlament. Article d'*El Periódico* d'octubre de 2007 en què es resumia la crònica del pols que Lluís Recoder havia fet a la direcció de CDC a causa de les divergències amb el pinyol. Recoder ha llimat aquestes diferències de manera, sembla, definitiva.

El secretari general adjunt de CiU i president del grup municipal de la federació nacionalista a Barcelona, Xavier Trias, ha considerat aquest dijous que el màxim nucli de confiança del secretari general de Convergència Democràtica de Catalunya (CDC), Artur Mas, l'anomenat 'pinyol', 's'ha diluït' en la nova direcció que s'ha d'aprovar en el congrés d'aquest cap de setmana. En declaracions a RAC1, Trias creu que 'hi ha més gent intervenint' i que el que s'ha fet és 'sumar', ja que 'hi ha gent amb tendència més liberal, n'hi ha amb més tendències socialdemòcrates dins del partit, i el que s'aconsegueix és una Convergència de tots i ser capaços de treballar en la mateixa direcció'. Declaracions de Xavier Trias, juliol de 2008.

David Madí. Forma parte del denominado 'pinyol' que trabaja junto a Artur Mas y que le complementa. Ha cambiado el estilo de hacer política en CDC. Más orgulloso, desacomplejado, expeditivo... y polémico. La Vanguardia, juliol de 2008.

Orgullosos, expeditius, radicals, *yuppies*, polèmics, talibans, *joves turcs,* corredors de borsa, desacomplexats, quatre nens, la rèmora... Qui són? I són el que es diu que són? Més encara, qui domina qui, si algú domina algú? Finalment, ja no manen, com sempre s'havia dit que manaven? De l'observació precisa i sense prejudicis, i de les moltes converses, algunes d'una inesperada sinceritat, es pot arribar a diverses conclusions. Una, que el pinyol existeix. Dos, que *Ell* confia en el que en diu *la gent que va lluitar per mi en els moments difícils*, però que qui mana, de manera inequívoca, és *Ell*. I encara més, creure que mana algú en aquests moments a CDC que no sigui *Ell* mateix és no conèixer gens el personatge. El calvinisme també és una manera de saber manar, per molt que sigui una manera de saber escoltar... I, certament, aquest home practica i es practica una fèrria moral calvinista.

La frase d'*Ell* és demolidora, quan la pregunta situa la qüestió en la seva versió més antipàtica. *Mana el pinyol sobre tu?*:

Jo sóc tributari del pinyol. Però no en sóc presoner...

I afegeix: *Fixa-t'hi. De número dos d'en Duran, no hi vaig posar l'Oriol, ni en Quico, ni Felip Puig; hi vaig posar Pere Macias. Ningú, doncs, d'aquest nucli dur per marcar no sé què... No he pres ni una sola decisió en aquest partit, ni una, en una sèrie d'anys, que hagi estat descaradament* o *clarament a favor del pinyol. Però tinc una gran lleialtat cap a ells. Són molt bons. I no estic disposat a que se'ls carreguin simplement perquè queda bé. És gent que ha aguantat molt.*

I la darrera conclusió, que hi ha més pa que tomàquet en l'entrepà de la llegenda del pinyol.

En la idea que l'Artur era un líder de la transició, hi crèiem quatre. La majoria, ni parlar-ne. El partit havia tirat la tovallola. Aquests quatre, en expressió de David Madí, eren, en el seu nucli més definit, cinc: Quim Forn, Oriol Pujol, Francesc Homs, Marc Puig (dedicat ara a les seves activitats professionals) i David Madí. Quim Forn (ara implicat en la campanya de Xavier Trias) i Marc Puig provenien d'Òmnium; David Madí, de la Crida (*Tenia setze anys quan Jordi Sànchez em va portar a la Crida. Ell és el culpable de la meva vocació política)*, i Oriol Pujol de la FNEC. *Entrem en contacte als Jocs Olímpics d'hivern d'Albertville i ens fem amics amb la campanya del Freedom* [for Catalonia], diu en Madí, i afegeix: *Alguns érem de CDC i d'altres no.*

Des del moment que entrem a CDC, la consigna és clara: construir el postpujolisme.

A aquesta colla s'hi afegiran després Lluís Corominas, provinent del món municipal; Felip Puig, que hi serà i no hi serà, en serà amic i no en serà..., i Germà Gordó, el silent, opac i influent personatge de qui tothom parla bé, i de qui ningú no parla...

Una colla d'amics. Una colla d'amics, en el sentit més mundà del terme. *Plegats hem fet molt el ximple. Ens hem divertit, hem patit, hem conspirat. Venim del món nacionalista, Montserrat, Avui, Serra d'Or, d'aquest món. Som el món xirucaire.* I ho remata així, Francesc Homs, *t'ho explico amb una imatge. El pòster que jo tenia als dotze anys penjat a l'habitació, davant el llit, era una bandera catalana amb el poema de Verdaguer...*

Dolça Catalunya
pàtria del meu cor
quan de tu s'allunya
d'enyorança es mor.

Daví Madí, amb el seu estil de *mascle alfa* (Homs *dixit*), ho expressa amb una claredat que faria les delícies dels martells d'heretge de catalans que corren per la *meseta*. La constatació de la *perversidad de la educación nacionalista... Tots els del grup hem estat programats des de petits. Ens hem criat en un caldo de cultiu, la fita del qual és la independència. Jo mateix provinc d'una família convergent, amb les idees molt clares sobre Catalunya...* I entra a la Crida, a l'època de Jordi Sànchez. Allà es troba amb els comunistes. *Jo, aleshores, tenia un pensament molt lineal, nacionalista, independentista, poca cosa més. I a la Crida hi descobreixo la batalla ferotge entre comunistes. Em va deixar perplex. No entenia res. No cal dir, que em va alertar, per sempre, del que significava el comunisme...*

Oriol Pujol, en canvi, és fill del seu pare. *Però no només fill del pare.* I postil·la:

Sóc d'en Pujol, però no sóc dels d'en Pujol.

I continua. *Cap de nosaltres va passar per la JNC. Jo era de la FNEC. No vaig ser militant de CDC fins l'any 93.* Convençut per en Pujol? *En Pujol no s'havia ocupat mai de mi.* No. *Ell se n'assabenta quan ja m'he fet militant. Me'n fan Joaquim Forn —gran tipus, molt important en el grup— i Josep Maldonado.* Sobre l'Oriol, en David afirma, *el fet que l'Oriol fos fill del seu pare ens protegia com a grup. Pensa que parlem del món Pujol de l'any 2000. En Pujol era el món sencer. Era tot. L'Oriol feia de contrapès.*

Marc Puig, Francesc Homs, Quim Forn, Oriol Pujol, David Madí, els cinc genets, amb la companyia, als inicis, del fill gran d'en Pujol, Jordi Pujol i Ferrusola. Amics abans que conspiradors. Independentistes abans que convergents. Pujalistes... abans que Arturians... Neixen amb el *Freedom*, i ben aviat, en *el prepinyol*, descobreixen què són les lluites pel poder. *Som hereus*, diu l'Oriol, *de la bronca contra Miquel Roca, el 92. De fet, som les escorrialles d'aquella gran bronca. A casa de Josep Grau comencem a trobar-nos i a dissenyar el postpujolisme*. Les trobades de Mollerussa... *És allà on neix l'esperança blanca de Joan Maria Pujals, i allà mateix acabarà fent fallida. En Pujals era el substitut d'en Pujol. Fins a l'extrem que, quan jo vaig a Presidència* —parla Xavier Trias—, *en Pujol em parla clar: 'No hi vagis en clau successòria'. En Pujals era l'escollit. Tant, que li vaig passar Joventut i Esports perquè comencés a anar a actes i fos conegut. Ei, que en Pujol m'ho havia preguntat abans, 'vols jugar aquesta carta?' I li vaig respondre que no, perquè no tenia el suport del partit.*

Sorprenentment, quan se li pregunti a Jordi Pujol per la *carta Pujals*, dirà: *No me'n recordo. Vols dir que havia pensat en ell com a candidat? No ho sé. No ho recordo...* Com diria Maria Aurèlia Capmany, *la mala memòria* del Molt Honorable *és molt bona...*

Joan Maria Pujals i Vallvé. Exalcalde de Vilaseca, exconseller d'Educació, exconseller de Cultura i ex... candidat a substituir Jordi Pujol. Continua Trias, *un dia Josep Laporte, quan jo era el seu director general, em va dir, 'avui vaig a sopar amb un tio que serà el futur president de la Generalitat. És l'alcalde de Vilaseca'*. Però no ho serà, i les explicacions del perquè varien en funció dels interrogats, però totes menen a una mateixa conclusió: en Pujol i en Pujals no s'entenien. *A la vida, ser intel·ligent està bé. Però és més important l'actitud que el coneixement.* Ho diu Trias, i remata l'Oriol. *Tenen una bronca fenomenal per la segona llei de normalització lingüística, i allà en Pujol el tomba.* Al 2000, amb un Pujol omnipresent i omnipotent, un conseller tombat no és opció, i la colla gira la mirada cap a altres objectes de desig.

Què va ser primer, l'ou o la gallina? L'ou Mas va trobar un grup de gent que li donava suport, o la gallina del pinyol el va anar a buscar? Matisos a banda i banda, tots coincidiran que uns es varen trobar amb l'altre. El pinyol era una tropa a la recerca de general, i el general no tenia qui li escrivís, i així, de la mà de la mútua necessitat, els joves que volien construir el postpujolisme, el secretari general Pere Esteve, que comandava l'exèrcit convergent, i l'home auster, adust i poc dúctil que aspirava a recollir el testimoni, varen sumar forces per convèncer Déu. A les portes del cel, en Duran i Lleida havia enviat els seus cants de sirena... Germà Gordó serà explícit en aquesta qüestió: *El culpable, l'únic culpable dels problemes amb Unió va ser en Pujol. Els va deixar créixer massa. Els va inflar.* I el propi Duran dirà, *va ser en Pujol qui va alimentar l'equívoc.*

Stop. La mirada que observa l'home que vol ser president s'atura en sec. És una mirada i unes oïdes, i a estones és una llengua que parla amb tothom. Massa informació creuada. La vida interna de partit tendeix a la hipèrbole, i la mirada s'entela. Ara hi ha tanta informació a les notes, i són tan llamineres les dolenteries que expliquen els uns dels altres, que el relat podria desviar-se de l'objectiu. Al capdavall, la temptació de fer de bugadera de la política és innata a la naturalesa periodística, com ho és a la pròpia naturalesa política. Caldrà, doncs, matar el cuc. Tanmateix, la constatació de la vivor amb què l'esport de treure's la pell es practica a l'interior dels partits recorda sovint la naturalesa de l'escorpí quan intenta travessar la bassa...

Es constata un altre fet, no tan sovintejat en el líder d'un partit: a *Ell* el molesta profundament la bugaderia política.

L'ou i la gallina, el general i la tropa. Es van trobar, doncs, i es van atreure... *Fallit en Pujals, vam començar a pensar en l'Artur. El David i jo no el coneixíem*, explica l'Homs, *i els altres ben poc. Vam decidir que l'Oriol i el Quim anirien amb el Mas, per veure què tal. Com pots veure, no fèiem res a l'atzar. Teníem consciència que estàvem construint el futur convergent després d'en Pujol.* I continua l'Oriol, *ens anticipàvem a moltes coses. Vam arribar a crear una estructura paral·lela que, d'alguna manera, encara existeix. I mira, Pilar, ens va sorprendre molt la facilitat amb què ens vam fer amb el partit. Fixa-t'hi. Decidim anar a la direcció del partit a la Dreta de l'Eixample i, pam, Quim Forn de president i jo de vicepresident. Al cap de poc, en Quim president de Barcelona i jo de la Dreta de l'Eixample. Ei, que el partit tenia molta musculatura, la que havien treballat Pere Esteve i Felip Puig, però hi havia buits bestials, i els vàrem anar omplint.*

Després Felip Puig aconsellaria a un flamant conseller d'Economia anomenat Artur Mas el nom de David Madí com a cap de gabinet. I s'estrenyeria el cercle. El propi David hi posa el formatge, acompanyat d'un cert excés de transcendència, molt propi del tarannà gens donat a la humilitat que el caracteritza: *Entro en escena! M'entrevista, amb d'altres, per ser cap de gabinet. Jo ja tenia una vida professional. Estava en el gabinet d'estudis interiors, gràcies a Ramon Juncosa —el dia de l'enterrament, vaig posar la senyera al seu fèretre, en nom de tots nosaltres*, escriu David Madí al seu famós llibre *Democràcia a sang freda*— *i Xavier Pomés. Tenia 26 anys.* I amb 26 anys, aquest home que anys després protagonitzaria les arestes més punxegudes de les campanyes electorals del candidat, i seria severament criticat per la premsa catalana, es deixa impressionar per aquell home de britàniques maneres que l'interroga. *Em va impactar molt l'entrevista. Jo venia del món que comandava en Pomés, que era un món molt desagradable. I, de sobte, em trobo amb algú d'exquisida educació. Preguntes normals, professionals, tracte correcte... D'una pulcritud extrema.*

La crònica dels fets posteriors forma part del relat històric conegut. Els moviments florentins d'en Duran i Lleida. Les jugades equívoques d'en Pujol (*en Pujol feia molts* carinyitos *a en Duran*, Trias *dixit)*. Les maniobres de Pere Esteve per frenar qualsevol possibilitat d'en Duran. *Pere Esteve va ser molt important per al nomenament d'Artur Mas*, diran tots els interpel·lats. L'anomenaven *el pakistanès*. I *Ell* mateix assegura, *el meu gran avalador, l'enginyer que va dissenyar tota l'operació*. I en Trias ho rebla: *Pere Esteve es va trobar que venia un congrés en què podia quedar apartat, i va fer un salt mortal. Enmig del congrés va anunciar que deixava la secretaria general a l'Artur. D'aquí que, quan l'Artur decideix que Pere Esteve no li portarà la campanya, en Pere s'enfonsa. S'enfada molt. És el detonant de la seva marxa a ERC.*

Mentrestant, en Duran va movent fitxa. *L'escena de la gran abraçada entre en Pujol i en Duran al míting del Miniestadi, a la cloenda de la campanya electoral del 99, ens va posar molt nerviosos...* Ho diu Felip Puig... Una escena acompanyada per una prèvia del que serà la gran guerra de la successió. *Pujol em va situar de número dos per Barcelona, a la campanya del 99, en el mateix lloc on alguna vegada havia anat en Macià* [Alavedra]. *En Duran s'emprenya i decideix anar de número vuit. Però, en realitat, va ser en Duran qui va fer la campanya amb en Pujol, i els mitjans de comunicació, lògicament, van seguir el tàndem Pujol-Duran. Jo, invisible...*

Finalment, el 2001, en Duran entra al Govern i s'oficialitza la competició. *Tothom juga les seves cartes. En Duran a Governació i en Mas a Economia. El problema és que, protocol·làriament, Governació és el número dos i Economia el tres. I, a més, en Duran fa una jugada brillant: agafa Governació sense Interior. És a dir..., es treu els mossos del damunt. El pitjor és que en Pujol l'hi compra. No et pots imaginar l'enganxada que tenen en Pujol i en Mas. Molt forta. En Pujol li diu a en Mas: 'No et puc complaure'. Al final, pacten que en Triadú sigui conseller de Presidència, de manera que ell serà el número dos. Ni en Duran, ni en Mas. Però nosaltres també som florentins, i arranquem d'en Pujol que l'Artur sigui el portaveu. Era la gran plataforma mediàtica. Una jugada mestra...* Una jugada mestra en una època tempestuosa.

En Duran em va ignorar sempre, en aquella època.

Jo era conseller d'Economia. Els altres consellers havien de venir a despatxar amb mi... Doncs en Duran no va venir mai... Ni em va trucar per telèfon. Com diuen els castellans, me ninguneó. *No cal dir que jo vaig fer tot el que estava a les meves mans, jo i altra gent, perquè la successió no acabés en mans d'Unió.*

The strongest of all warriors are these two: Time and Patience, va escriure l'autor d'*Experience,* l'escriptor i pensador nord-americà Ralph Waldo Emerson. Paciència i temps... Bo i escoltant el relat de l'esforçat cop d'Estat contra en Duran per tal d'investir Artur Mas amb la porpra de l'escollit, la cita d'Emerson esdevé irrefutable.

De paciència i de temps en tingueren, pel que sembla, tots els que varen maniobrar en les aigües embravides d'una guerra pel poder. I per bé que tots asseguren que en Pujol no va dubtar mai, també expliquen, amb tot luxe de detalls, com varen anar construint els paranys per a la caça major d'en Duran i Lleida. Paciència i temps. I una bona dosi d'agilitat estratègica...

Continua David Madí. *En Duran creu que té guanyada la partida. I, de fet, ho té gairebé tot a favor. Era mediàtic, un polític de gruix, tenia bona imatge. I, a més, les seves formes eren les de l'establishment. L'Artur era fred, distant, desconegut, i, per a l'establishment, una incògnita. Només tenia a favor que era de CDC. I d'aquest fil vam estirar el nostre èxit. Hi ha dos moments clau. El discurs d'en Duran al Paranimf, on Miquel Roca faria una entrada triomfal. I això volia dir que els roquistes li donaven suport. Però jo maniobro i aconseguim que l'Artur es presenti a la conferència de la mà... d'en Roca. Aquí perd la partida en primera instància. Però tenia un escac i mat per fer. Només havia de fer una cosa, i en Mas hi estava disposat i molta gent de CDC també, però ell no va saber veure-ho. Només necessitava acceptar la fusió entre Convergència i Unió.*

> *Si en Duran hagués acceptat la fusió, hauria estat el candidat a la presidència de la Generalitat.*

Després ve la remodelació del Govern, amb l'Artur de conseller en cap, i en Duran marxa del Govern. Hem guanyat la partida.

En Duran i Lleida certifica la veracitat dels fets, però té la seva versió de la història, sensiblement diferent en alguns aspectes. *Vaig arribar a creure que en Pujol pensava en mi com a relleu. Quan vaig entrar al Govern, ell i jo vam dissenyar una cartera a mida. No em vaig quedar els mossos perquè Convergència no els volia deixar anar, però la resta estava clara. Però vaig començar a veure que passaven coses. Jo pactava una cosa amb en Pujol, i al dia següent l'Artur havia mogut fitxa, i em venien amb una altra història. Semblava que havíem entrat en un equilibri, i no paraven de desequilibrar la partida. Cada dia hi havia canvis en la proposta, m'oferien una cosa, i al Mas una altra, i així. I després van venir les primeres putades... Em truquen d'*El Mundo *i em diuen que m'he gastat 90 milions en arreglar el despatx nou, i que ho publicaran al dia següent. Era mentida! Els dic, veniu a veure el despatx, i van venir. I quan el van veure, es van adonar que tot allò era mentida. Qui havia filtrat la informació?... En David Madí!*

Al pont de la Puríssima de 2000 fan a l'Artur conseller en cap. Jo li havia dit a en Pujol, 'trenques l'equilibri del Govern'. I afegeixo, 'quan ho facis, et presentaré la dimissió'. Saps qui va ser el primer que va saber que dimitiria? Doncs l'ambaixador a Bulgària. Havia de fer un viatge al país com a conseller, i li dic a l'ambaixador: 'Té poc sentit que vingui, perquè presentaré la dimissió'. Havia sabut per una filtració a El País, *molt de fiar, que ja estava fet el nomenament d'en Mas com a conseller en cap. No cal dir que vaig anar a la presa de possessió, però abans preparo la dimissió. Primer vaig reunir els càrrecs d'Unió del Govern i tots els càrrecs del departament, per anunciar-los que me n'anava. Després vaig a veure a en Pujol i li presento la dimissió, però li dono tot fet. 'Em substituirà Núria de Gispert. Et presento una crisi d'un sol dia'. En Pujol no va fer cap gest per retenir-me. Després vaig a la presa de possessió de l'Artur com a conseller en cap. Aquell dia no va ser el primer que vaig sentir-me traït... Tot havia estat un miratge. T'he de dir, però, que vaig ser molt feliç l'any i escaig que vaig ser conseller. I, en poc temps, vaig deixar obra feta. Per exemple, el primer pla de la funció pública, amb acord dels sindicats, els partits i les dues associacions de municipis...*

Sobre la fusió, desmenteix que no n'hagués vist la possibilitat, tal com Madí assegura. *En Pujol em fa una oferta seriosa de fusió. Però no l'accepto. No podia carregar-me un partit històric, amb dècades d'existència, per una ambició personal. Unió és l'únic partit de la meva vida.* I així es va acabar l'opció Duran...

Com diu en Madí, *havíem guanyat la partida...*

Abans de guanyar-la, en Pujol el cridarà, quan encara no s'haurà compromès amb res, i li dirà una frase que *Ell* ha gravat per sempre en la memòria. *Mas, consti que el que et vaig a dir no és cap compromís, però et diré una cosa que en De Gaulle li va dir a en Pompidou:*

Vous êtes en réserve de la République.

Havia de prendre una decisió. Crec que ho va veure clar quan, al 99, en Maragall es va quedar quatre diputats per sota d'en Pujol, però a 5.000 vots per sobre. Portava més de vint anys al poder. Va veure clar que era l'última vegada. I aleshores va començar a pensar en la successió.

Vous êtes en réserve de la République. La grandesa i la complexitat d'un personatge polític es pot endevinar, en part, pels referents que el motiven... I no hi ha dubte de la grandesa del polític anomenat Jordi Pujol. Com no hi ha dubte de la seva complexitat...

Va dubtar mai, en Pujol? Tots diuen que no, fins i tot el propi Pujol —*mai, no vaig dubtar mai*—, però és difícil saber què va pensar el Molt Honorable en aquells moments en què, després de més de dues dècades de manar de manera magmàtica i desbordant, havia de pensar en la pròpia successió. *Mai no va pensar en en Duran, només va coquetejar amb ell*, diu Felip Puig; *en Pujol sempre va dirigir el procés. No crec que dubtés mai*, diu en Corominas; *en Pujol tria*, diu Oriol Pujol; *en Pujol li fa l'escena del sofà a en Duran, però només és això, l'escena del sofà*, assevera Xavier Trias. *En Pujol va prendre la decisió, però va rebre molts* imputs *abans de prendre-la. Molta gent li va parlar, i li va parlar molt clar. I en Pujol va escoltar molt*, matisa *Ell.* I afegeix, *el desembre del 99, quan estàvem formant el Govern, res era evident...* I David Madí remata, *en Pujol decideix, però nosaltres treballem perquè la decisió sigui l'Artur...*

Mentrestant, l'altre objecte de desig, Josep Antoni Duran i Lleida, dirà, acompanyat d'un magnífic dinar al Hofmann, el dia que la cronista compartirà la gran nevada amb dos pesos pesants de la política catalana, el propi Duran al migdia i Jordi Pujol a la tarda... Dirà en Duran, *en Pujol em va donar a entendre, en tot moment, que jo era la successió. Fixa-t'hi, a la seva darrera campanya em va fer dir, en una entrevista a* El Periódico*: 'Digues que tens la convicció moral que no em presentaré'. M'ho fa dir a mi. I després faig amb ell tota la campanya,* de facto, *com a número dos. I recorda l'abraçada al míting del Miniestadi, i el contingut del míting, en clau de relleu. I el relleu era jo! No en tinc cap dubte. En Pujol em va utilitzar descaradament. L'abraçada?*

Va ser l'abraçada de l'ós.

I mai no em va demanar disculpes...

Preguntat en Pujol, ho desmentirà, *sóc molt poc maquiavèl-lic, al contrari del que es pensa la gent. I tinc en molt alta valoració en Duran, però no és cert que pensés en ell. Mai no vaig dubtar. Això sí, em vaig equivocar amb aquella abraçada al Miniestadi, va ser un moment d'efusió que algú va interpretar... Bé, ell podia interpretar coses que no eren. Ei, que va ser sincera, però me'n penedeixo, perquè va donar peu a ser malinterpretada. Però si en Duran va creure que era el relleu, és que va interpretar malament els signes...*

Al final —informa Felip Puig—, *la decisió la prenen tres persones: Pere Esteve, Artur Mas i Jordi Pujol. I més enllà del final, al final del final, la decisió la tornen a prendre tres persones, en Jordi, en Pujol i en Soley.*

La pròpia tríada ho certifica: *La decisió va ser meva i només meva.* I continua, *saps quan em fixo en en Mas per primera vegada? Era conseller d'Obres Públiques, i jo havia parlat poc amb ell. Estàvem inaugurant un túnel de l'Eix Transversal entre Vic i Girona, no recordo les dates, busca-les, les trobaràs. I va en Mas i fa un discurs perfecte, poques paraules, clar, convincent. M'hi vaig fixar. Aquest xicot...* Anys més tard, el *xicot* serà l'única carta que tindrà damunt la taula, i preguntat pels motius, el perquè serà una resposta de manual, tot i que segurament sincera: *Vaig decidir-me per en Mas per aquests motius: un cap ben construït, amb les idees molt clares; un home preparat, seriós; un nacionalista autèntic; un home honest en tots els sentits; un home conseqüent amb tot, la família, les creences religioses, les idees... I per la seva èpica de l'esforç.*

Al dia següent d'aquesta mesurada, temuda i previnguda conversa, en Pujol trucarà per telèfon i dirà, *saps aquells motius que et vaig dir, pels quals vaig escollir en Mas? Mira, sóc millor quan penso les coses tranquil·lament, i vull tornar-ho a dir amb més precisió. Apunta:*

Primer motiu. La prioritat catalanista. La defensa de Catalunya com a prioritat, i després la voluntat d'intervenir en altres nivells, com Espanya i Europa. Però el centre de gravetat, Catalunya.

Segon motiu. La preparació i el rigor. Un bon economista, amb un bon nivell d'anglès i de francès. Un home preparat i seriós.

Tercer motiu. L'exigència moral que regeix la seva vida, tant la política, com la privada.

Per tot això, la decisió va ser l'Artur.

I la decisió és l'Artur.

Així comença, segons totes les fonts, el tan relatat, criticat, a voltes temut i d'altres menyspreat tàndem entre l'home que vol ser president de la Generalitat i el grup de persones que creuen en *Ell,* abans que ningú i en contra d'alguns. Artur Mas i el pinyol i alguns afegits. La gent que *es va partir la cara per mi, quan no hi havia res segur. Quan tothom ho podia perdre tot...* La llegenda del pinyol, doncs, es confirma amb la mateixa celeritat amb què es desmenteix, no debades inclou tots els tòpics que han circulat sobre ell, però també, amb la mateixa contundència, els rebutja. Tot i la pretesa foscor, la natural opacitat amb què se l'envolta, una mena de partit dins del partit, una mena de lògia del poder, el cert és que la mirada ha estat clara i, a vegades, fins i tot transparent. D'aquesta observació precisa i de tot el que ells mateixos diran de si mateixos, se'n poden extreure algunes certeses...

1. El pinyol existeix. Però té més aires de grup d'amics triomfalment sorpresos per la capacitat de maniobra que van tenir en un moment clau de la història de Convergència —i, per tant, de la història del país—, que no pas d'organització a l'ombra. De fet, tots ells respiren una sorprenent ingenuïtat, un cert toc naïf.

2. El pinyol és sobiranista. Més encara. El pinyol és independentista, la qual cosa no vol dir que aquesta sigui la seva estratègia política a curt termini. D'aquí prové la seva imatge de nucli *radical*, en expressió dels seus adversaris polítics. *Jo no em sento sector radical. Ben al contrari, no ho sóc, ni ho som. Som la gent que ha fet un pas més enllà en la qüestió identitària,* diu Lluís Corominas. En qualsevol cas, és evident que no són el *centre* ideològic de la coalició. Però, en termes nacionals, també sembla un fet que el *centre* convergent, talment la terra després d'un terratrèmol de grans dimensions, s'ha mogut uns centímetres. En donaran fe les converses amb el propi candidat i els seus discursos. La qüestió és saber si s'ha mogut el *centre* de Convergència, o, nacionalment parlant, s'ha mogut el *centre* de Catalunya.

3. El pinyol no el té segrestat. Ben al contrari. Si alguna cosa queda meridianament clara quan se l'observa de prop, i s'observa el capteniment dels seus respecte d'*Ell*, és que no es tracta d'un líder precisament dúctil o tou. *Nosaltres pensàvem que érem imprescindibles*, confessarà Felip Puig. *Però l'Artur és tan fort que cap de nosaltres és imprescindible. Per això és líder i per això governarà. Com a en Pujol, li costa delegar, i com a en Pujol, si té clara una cosa, no canvia d'opinió. És un tio molt fort.* I afegirà,

> *El President del meu país, el vull així, per bé que el President del meu partit m'empipa que sigui així.*

Un tio molt dur quan ho té clar, reblarà Xavier Trias. D'aquí penja un altre dels desmentits més rotunds sobre la seva imatge. Cau una altra de les llufes. El robot, el madelman, el Ken de la Barbie. L'home sense ànima i sense altre cervell que el programat per ser un autòmata, incapaç de prendre decisions. *Potser Ell alimenta la fredor, ja saps, Pilar, la seva cuirassa de protecció,* diu en Puig. La cuirassa de protecció. Tot gira al voltant del que els seus en diuen *la cuirassa*, i, en expressió de qui l'observa, la màscara. Una màscara que, després de mesos de mirada intrusa, distant i alhora propera, informa clarament de la seva funció. La màscara no amaga les misèries de l'exterior, de l'home que la porta, perquè darrere la màscara hi apareix un home complex, reflexiu, auster, de forta personalitat, culte i amb condicions innates per al lideratge. El que la màscara fa és protegir-lo a *Ell* mateix. I..., tal vegada, salvar-lo de la por que li produeix l'exhibició pública de la seva *vida interior. És un home desconegut,* diu Germà Gordó, i afegeix, *alguns de nosaltres el coneixerem per tu, per aquest llibre. Per això és important, molt important la funció que fa en Vilajoana. És el nostre traductor de l'Artur.*

L'Artur és un home de silencis.

I mai serà presoner de les seves paraules. És capaç de no dirte la veritat. Però és incapaç de dir una mentida. També en això és radicalment diferent d'en Pujol.

Un home desconegut. Però d'allò que ja es coneix, el desmentit de la seva feblesa com a líder és rotund. El pinyol depèn d'*Ell* i no a la inversa, i és *Ell* qui comanda. Tant, que no sempre els del pinyol se sentiran prou escoltats. I molt sovint fallaran en l'intent d'influir. *Artur Mas es fa gran com a líder, i determinades hipoteques es van acabant...,* avisa

Felip Puig. I rebla, *tots nosaltres, el pinyolet, l'orgànic, jo, en Corominas, tots som molt importants, però alhora no ho som. Perquè Ell és líder per damunt nostre i, sobretot, per sobre de la nostra existència. Ara, sense nosaltres, també seria líder. I sense Ell, nosaltres ja no seríem res.* Novament les diferències amb en Pujol: *En Pujol era ell i el sotabosc que quedava, generació rere generació. Fagocitava el seu propi pinyol. L'Artur el suma, dóna corda, dóna llibertat i sentit a cadascú. Però que ningú no s'equivoqui. Ell mana.* Per rematar: *Som importants, però no som transcendents.*

Què és el lideratge? El famós Warren Bennis, jueu, combatent de la Segona Guerra Mundial amb condecoració al valor, directiu de grans universitats, expert mundial en lideratge i assessor de Kennedy, Johnson, Carter i Reagan, defineix el lideratge a la manera que, segurament, ho hauria fet Pere Ribera,

> *Becoming a leader is synonymous with becoming yourself. It is precisely that simple, and it is also that difficult.*

Com era allò de *m'he conquerit a mi mateix*? També Warren Bennis serveix per definir la diferència entre el *poder* del pinyol i el seu propi poder,

> *The manager asks how and when; the leader asks what and why.*

El pinyol, doncs, forma part —i és una part decisiva— de la història de la seva arribada a la successió. I forma part del seu present. Amb la dosi d'influència lògica. Amb la dosi de lleialtat esperable. Amb la dosi de distància necessària. La resta és llegenda. I, com totes les llegendes que el rodegen, és llegenda interessada. Perquè, més enllà de les llegendes, la realitat del pinyol retorna a les brillants *quotes* de Warren Bennis,

> *There are two ways of being creative. One can sing and dance. Or one can create an environment in which singers and dancers flourish.*

Fa que els *singers and dancers* germinin, però, sense cap mena de dubte, ho fan al so de la seva música.

4. I ara? Quina és ara la relació entre el pinyol i el líder? Hi ha lleialtat a banda i banda. Una lleialtat que cada membre del pinyol verbalitza a la seva manera. Però tots conflueixen en un cert sentit èpic de la resistència, no debades han viscut junt les èpoques difícils. Junts i força sols. *Soldats caiguts d'una causa invencible...*, i el lligam d'aquests soldats momentàniament vençuts ha estat emocional i vital, a banda de polític. Com diu David Madí, tenen la convicció d'haver dedicat els millors anys de la seva vida a una aventura que, en els moments més durs, semblava fallida. Hi ha, doncs, un sentiment de clan, de barqueta enmig de la tempesta, sorprenentment superada, de visionaris, en els temps de la foscor. Però, talment diu Felip Puig, el líder s'ha fet gran, les circumstàncies han canviat, i el grup d'amics ha empetitit la seva influència. O s'ha diluït en un magma de cercles més amplis. I no tots ho porten bé. *Algú ha tingut alguna desil·lusió personal*, remuguen les gorges pregones. I d'altres posen nom i cognom a la desil·lusió. Parla Oriol Pujol. *A l'Artur li comença a pesar el pinyol. Té la necessitat d'obrir-se, perquè li pesa la crítica sobre nosaltres, que és molt ferotge, sobretot la que ha patit David Madí. És com si necessités alliberar-se. I això que el pinyol ha estat un bon escut. Ho ha tingut fàcil, l'Artur, perquè les hòsties han anat a la cara del David. I mira, a vegades ja li va bé. Com creus que ha aconseguit*

tenir una bona relació amb Xavier Trias? Deixant que l'altre parli malament d'en David, i Ell no defensant-lo... En David no ho porta bé... Però és de pedra picada. Mai no s'enfrontarà a l'Artur. I remata:

> *Vam començar nosaltres a dur-lo, però la bèstia va aparèixer...*

Sí, respon en Puig, *en David és l'ase dels cops, és cert. Ha focalitzat els atacs de decisions que eren col·legiades. Però també és cert que l'Artur li ha tornat a donar la direcció de la campanya. I sap que el criticaran. Però aquestes coses l'Artur les fa. No deixarà de confiar en algú encara que li vagi malament per a la imatge. És injust pensar això. Alguns, com l'Oriol, haurien de créixer...*

I *Ell* dirà. *Tinc un acuradíssim sentit de l'equitat. La defensa dels teus s'ha de fer en els moments difícils.*

Cuites a banda, el pinyol continua reunint-se i continua intentant dissenyar el decorat de la batalla. *Hem perdut operativa i hem perdut influència, però la consciència de grup està intacta.* Novament Oriol Pujol. I novament amb el deix d'un cert ressentiment. Ressentiment pel pare, les males relacions, els gestos que la família interpreta com a desaires? O un ressentiment més covat? La conversa s'ha produït un dimecres, i el dissabte abans hi havia hagut reunió familiar. La Marta surt en escena. *La mare està molt dolguda...*, i el teló de fons de l'homenatge fallit a Jordi Pujol pesa en els mots, en els gestos, en l'aire. De tots els membres de la seva *gent*, *la que va creure en mi*, Oriol Pujol i Ferrusola serà l'únic que no farà un elogi desmesurat, complet, sense esquerdes. Es mantindrà en la defensa del líder —*som la gent que, si cal, ens ensorrem amb ell*—, però necessitarà demostrar que està enfadat. I tancarà aquesta escenificació amb una contundència inusitada: *El dia després, ja ho veuràs, ni pinyol, ni res. Som una mica naïfs, una mica imbècils...* La resta dels amics del grup creu que té raó, però amb matisos. Perquè tots han vist plorar el príncep, i no tots tindran premi, però la majoria no creu que els enviï a les mines de sal. Dur, però lleial, aquesta sembla la doble regla que mou la seva manera d'entendre el lideratge. *Amb ells tinc un deute de fidelitat i de respecte. I no els posaré als peus dels cavalls per la pressió externa. Ara, si no els he de complaure, no ho faig.*

Sense cap mena de dubte, i de manera taxativa, la llegenda urbana de la seva manca de lideratge queda desmentida. No té cap mena de sentit, ni es basa en la realitat. O, en qualsevol cas, com passa amb el *Guapooo!*, no parla d'*Ell* quan assegura que parla d'*Ell*. Perquè si alguna cosa té, de manera evident i evidenciada, l'home que vol presidir la Generalitat de Catalunya, és lideratge. Tan sols que és un lideratge entès d'una manera molt diferent del magmàtic, rotund i a vegades asfixiant lideratge de Jordi Pujol i Soley. És un lideratge embolcallador. Inequívoc, però que dóna oxigen.

En el repàs de les notes, i en el sediment d'allò vist i d'allò sentit, una darrera constatació. El símptoma més inequívoc d'aquest lideratge seu, a hores d'ara indiscutit, és la llunyana proximitat amb què parlen els seus. Són la seva gent més propera, la que ha estat amb ell des de l'hora zero, quan la travessia s'augurava perillosa i, tal vegada, letal. La gent amb qui es va trobar, i el van trobar i els va trobar, amb qui ha guanyat dues eleccions i ha perdut dos governs, i amb qui, ara, comença a albirar les platges d'Ítaca, superats els pitjors moments de la tempesta. La gent amb qui, si no gira radicalment el vent, finalment hi arribarà. I tanmateix, és l'únic que no és amic, sinó líder; l'únic amb qui no es fan confidències, per bé que dissenyen estratègies; l'únic de qui ho saben tot i..., gairebé no en saben res. *Alguns el coneixerem per aquest llibre...* L'únic, en definitiva, que és dels seus, però que va a la seva, fins i tot quan va amb els seus. Són *Ell* i la tropa, i no la tropa amb *Ell*.

La màscara del rei Artur, doncs, no només l'amaga del món. L'amaga també del seu propi món polític. *La vida interior...* fa estralls en les relacions humanes. Però ajuda a crear la grandesa del líder.

I es va plantar davant en Vilarasau. Encara no se saluden...

L'Artur és capaç d'enfrontar-se a qui calgui, si creu que ha de fer una cosa. I la persona va ser, en el moment més àlgid del seu pols com a conseller d'Economia, el tot poderós Josep Vilarasau. Tots els que recorden aquella batalla en el cim del poder, conduïda per un Vilarasau que volia perpetuar-se en la cúpula de les decisions de La Caixa, a través d'un canvi d'estatuts —permès pel registre mercantil—, i un Artur Mas que considerava que calia segar-li l'herba després de vint anys al poder financer. Les gorges pregones de l'època parlen d'una batalla de titans. *En Vilarasau va sortir fet una fura del despatx d'Artur Mas. S'havia de jubilar perquè, amb 70 anys, no podia continuar de director general de La Caixa. Però s'ho havia manegat per quedar-se amb el poder. Quan va anar a veure l'Artur, ja sabia que el registre mercantil l'autoritzava a fer un canvi d'estatus per poder nomenar dos directors generals ex aequo, i ell fer-se president. I res de president honorífic, res, un president que no estava clar quines funcions tenia, però que serien moltes...* I una altra font complementa: *Li va dir a en Mas, 'escolta, m'autoritza el registre mercantil. I la presidència de la Generalitat, diguem que ho veu amb bons ulls'. I en Mas li va respondre, 'doncs jo sóc el conseller d'Economia i no ho veig bé. Jo no ho autoritzo'. No saps com se'n va anar en Vilarasau d'aquell des-*

patx. Mai ningú no se li havia enfrontat així. Al cap de poca estona, trucava Xavier Trias al Mas, tot esverat, preguntant-li què havia passat. 'Artur, que no ens hi podem enfrontar'. En Vilarasau havia passat pel seu despatx treient foc pels queixals... Més veus, totes elles evidentment en l'anonimat quan parlen d'aquest episodi. Però en parlen. Menys *Ell.... Tema antic,* dirà quan se li pregunti.

La posició de l'Artur era aquesta, 'escolta Xavier, ell ha estat el director general davant la Generalitat, passava comptes amb nosaltres perquè nosaltres havíem de poder cridar algú, un responsable, d'acord amb el que diu la llei de Caixes. Doncs ara que nomeni qui vulgui, en Brufau [Antoni] *o en Fainé* [Isidre] *—que eren els directors generals adjunts—, però un dels dos ha de tenir una preeminència sobre l'altre, i jo, com a conseller d'Economia he de poder cridar un responsable de La Caixa. Un director general que, a afectes legals, estigui reconegut als estatuts'. El conflicte que vam tenir va ser fenomenal, amb en Samaranch anant a veure a en Pujol, 'president, que això no pot ser, que els equilibris de La Caixa, que en Vilarasau havia fet un gran servei al país'...*

En Pujol, segons totes les fonts, volia resoldre-ho. I quan ho va intentar amb el seu conseller d'Economia es va trobar amb una negativa rotunda. *Li va dir, 'president, només hi ha una manera d'arreglar-ho. Dient-li a en Vilarasau el que dic jo, que no'.* L'home més poderós de Catalunya, després —o abans— d'en Pujol. *Era un tio molt important.* Els que diuen conèixer la conversa entre el president i el seu conseller asseguren que en Pujol es va deixar convèncer amb una frase clau d'Artur Mas. Li hauria dit:

> *'Escolta, president. El que aquí està en joc no és en Vilarasau. El que aquí està en joc és qui mana en aquest país,*

o manes tu, o mana ell. Si li canviem els estatuts a mida, perquè es pugui quedar com a president, seguirà fent el mateix, i des del mateix despatx, sense data de jubilació, aleshores tu no manes en aquest país. Mana ell.'

David Madí, l'únic que diu alguna cosa a cara descoberta, ho remata amb simplicitat. *L'Artur era la llei i es va fer valdre. Per això mateix, en Vilarasau encara el menysté.*

Després vindrien els intents d'operacions a Madrid, amb el PP al poder, per canviar la filosofia de les caixes, i, davant de l'intent, en Mas hauria accelerat la planificació de la sortida de La Caixa de l'home més poderós de Catalunya després... d'en Pujol. *Tothom estava espantat. Era un sidral espectacular, imagina. Editorials en contra, tothom amb en Vilarasau, nervis a totes les conselleries..., però l'Artur va aguantar. Va dir no, i després de totes les pressions i de tot el merder, va continuar amb el no. I va ser no...*

Ell no en parla, d'aquest episodi. Però dirà, sobre el seu estil de manar:

> *Sóc més capaç d'enfrontar-me a una situació difícil i fins i tot a una persona o persones poderoses, més capaç d'enfrontar-m'hi, que no pas enganyar-los conscientment...*

No va enganyar a Josep Vilarasau, l'home més poderós després de Jordi Pujol. Però s'hi va enfrontar. I en la intimitat dirà, *si en Pujol no m'arriba a dir que sí i no frena l'operació, jo hauria hagut de plegar com a conseller d'Economia.*

Els seus discursos clau en relació a la seva visió política, són cinc, segons pròpia selecció.

El primer, el 21 d'octubre de 2002, al Palau de Congressos. El títol, *Catalunya sense límits: els nous horitzons del nostre projecte de país.* Apareix el desacomplexament sobiranista, *la generació de nacionalistes catalans que no va ser protagonista de la transició,* la convicció de l'atzucac que representa el model autonòmic, la decepció d'Espanya i... la proposta d'un nou Estatut per a Catalunya. Sobre aquest discurs, Francesc Homs dirà, *ens va donar terreny per viure. Veníem del No a l'Estatut d'en Pujol, del plantejament frívol d'en Maragall, del reformisme, i Ell parla d'un Nou Estatut. Va ser un discurs que comportava decisions clau. Et marcava.*

El segon, el 21 de novembre de 2005, titulat, *Catalunya sense límits II*, on rebla la idea d'un canvi generacional i estructura el concepte, posteriorment clau, del dret a triar.

El tercer, el 20 de novembre de 2007, amb el títol *Per una Casa Gran del Catalanisme*, on refunda la idea del catalanisme com a gran moviment, en la línia del que en Pujol ha fet durant anys, però des de la perspectiva d'una altra generació. Una altra després d'una altra, desapareguda... *En Pujol es menja una generació sencera. Vint anys al poder... La generació d'en Roca és devorada*. Ho diu Germà Gordó. I la següent comença a plantejar les bases del *seu propi* moviment catalanista, la Casa Gran...

El catalanisme estima el país per damunt de la ideologia. La construcció del país, per sobre de les dretes o les esquerres.

El quart, 16 de març de 2009. *Superar la crisi, aixecar Catalunya*. El seu discurs més programàtic, més conjuntural i menys essencial.

Els romans ja ho deien: post festum, pestum. És hora d'endreçar l'habitació, rentar tot el que hem embrutat, reparar els desperfectes i tornar a treballar de valent per recuperar el temps perdut.

El cinquè, el discurs a l'acte de Sant Benet, davant els dos consells nacionals de CDC i UDC, el 17 de gener de 2010. El discurs de la seva tercera proclamació com a candidat a la presidència de la Generalitat. Serà on començarà el discurs dient:

Avui és un dia per donar-vos les gràcies.

Acabada la travessia per les mars embravides, al bell mig de les tempestes de la decepció, es prepara per arribar a la terra enyorada... Sens dubte, el seu discurs més emotiu.

Però més enllà dels textos que articulen, amb precisió, l'evolució del seu pensament, la relació d'*Ell* amb Espanya queda meridianament reflectida en la conversa, en solitud i tranquil·litat, al seu despatx. Una conversa que ve precedida per la frase que estampa en el seu discurs del 2007:

En molts aspectes, Espanya s'ha regenerat.
En alguns altres, simplement degenera

La conversa tranquil·la...:

A. M. *Fa uns anys, jo tenia més esperit Cambó que Macià. Més esperit Cambó i Prat de la Riba junts, perquè Cambó és la regeneració d'Espanya i Prat de la Riba és l'obra de govern de Catalunya.*

P. R. *I ara ets a l'adéu Espanya?*

A. M. *No sóc a l'adéu Espanya perquè és molt difícil que un president de la Generalitat ho plantegi així.*

P. R. *Però ja no hi creus gaire...*

A. M. *M'he anat decebent de manera progressiva i creixent.*

P. R. *Allò que els teus enemics dirien que et vas radicalitzant...*

A. M. *Jo en dic decepció. Una decepció que he viscut en carn pròpia, no m'ho ha explicat ningú. Pensa que dels últims 20-25 anys, jo n'he viscut sis o set a primera fila. I he anat veient que tot això no té solució des del punt de vista de la nostra seducció sobre ells.*

P. R. *Perdem energies en un terreny estèril...*

A. M. *O les hem invertides en una època en què, segurament, no hi havia altre remei. Però això ja no té futur. És a dir, el futur d'això jo no el veig. Bé, el veig en la línia que, si no hi ha més remei, el futur el compartirem, i no passa res, tampoc. Passar, sí que passa..., però qui dia passa any empeny, i no sé què ens trobarem. Però des d'un punt de vista meu, personal, de projecte i d'ideari... sóc cada vegada menys Cambó. Continuo sent, però, molt Prat de la Riba, perquè crec en l'obra de govern. I, modestament, crec que aquesta és la gran aportació que puc fer, contribuir a una gran obra de govern.*

P. R. *T'has quedat, doncs, només amb Prat de la Riba?*

A. M. *Amb Prat de la Riba i Pujol.*

P. R. *Però ja no ets Cambó.*

A. M. *Cada vegada sóc més Macià...*

I la conversa entra en el terreny de la confidencialitat. Una cosa, tanmateix, està clara. Aquest home no menarà Catalunya, conscientment, cap a una derrota, *no estimbaré el vaixell contra les roques*, però percep que la via d'Espanya està closa. I els somnis..., els somnis són lliures...

Altrament, ho va dir Eleanor Roosevelt, *the future belongs to those who believe in the beauty of their dreams.*

El futur pertany als que creuen en la bellesa dels seus somnis...

La capseta dels gripaus descansa a la tauleta de nit. *M'empasso molts gripaus cada nit*, respon a Cristina Puig al *59'*, quan li ho pregunta. *Arribo a casa, obro una capseta especial que tinc, que és la capseta dels gripaus, i pum, me'n menjo un, o dos, segons el dia, o tres, i tanco la capseta, i fins l'endemà. Al primer temps em costava de pair-los, però ara m'hi he acostumat.*

Sort que m'he acostumat als gripaus, perquè si no, no podria viure en aquesta feina.

Jordi Pujol també tenia una capseta a la tauleta de nit. Però no s'empassava els gripaus. Els guardava...

QUE SÀPIGA QUE MÉS LI PERTOCA SERVIR QUE MANAR

Això de citar les regles de Sant Benet..., vols dir? Ep, que sóc cristià, i potser he tingut una època més mística que l'Artur, però citar les regles de sant Benet!!... En el dia de la proclamació de la seva candidatura!!!... Ho veus?! Són aquestes coses les que em preocupen de l'Artur... Jordi Pujol, just en acabar l'acte de Món Sant Benet, on ha estat proclamat candidat a la presidència de la Generalitat, per tercera vegada, davant els consells nacionals de CDC i d'UDC.

La litúrgia de l'arribada dels consellers respira suficiència. És l'espina dorsal del partit, la gent que mana al territori i a la direcció. Tots saben on van, saben a què van i saben què en sortirà. Però ningú no falla. Alguns d'ells, no fa gaires anys, no creien en l'home que avui serà proclamat candidat. Eren els de «*no acaba de*»... Però es respira triomf a l'atmosfera, i els vells culs retornen als seients més llustrats i més propers a la porpra. Ara sí que cal sortir a la foto. La primera part de l'acte consisteix en dues sessions, primer amb el consell nacional de CDC i després amb el d'UDC, i està tancada a la premsa. És, doncs, un cert privilegi per a una forània assistir-hi; tant, que algú ben despistat reparteix a la cronista una papereta de vot. Poder votar-lo o negar-lo com a candidat! Quina malvada temptació! Se situen els prohoms i prodones de Convergència, els més importants, amb el seient assignat i rodejant l'atri; els altres, a la resta de fileres, davant de l'eix central. No hi ha sorpreses. A la primera fila, Montserrat Candini, Felip Puig, Jordi Pujol, Artur Mas i Xavier Trias, per aquest ordre. *Ell*, doncs, entre Trias i Pujol. A la segona fila, el gruix del pinyol, més Lluís Recoder, recuperat per a la causa. *Ara estem molt bé amb ell,* diran totes les veus consultades. Però no totes estaran d'acord que tingui un lloc privilegiat a les llistes de Barcelona. *Ell*, no cal dir-ho, calla. Però mostra el seu respecte pel notable alcalde de Sant Cugat.

(Parèntesi. No hi ha hagut cap impediment per anar a tots els actes de la seva agenda, cada vegada que se li ha demanat. Fins i tot aquells que eren a porta tancada, i alguns que eren estrictament privats. L'única negativa ha sorgit de la gent de la Fundació Barcelona. Sorprenent.)

Per la sala corre Àngel Colom. La intrusa es permet una petita esgrima dialèctica, arran dels fets de Vic. El capteniment de l'Àngel és crític amb l'ajuntament de la capital d'Osona, i ho ha fet palès en algunes declaracions. *No t'equivoquis*, sentirà l'Àngel de la seva vella amiga. I conciliarà la preocupació d'una part de Convergència, neguitosa amb algunes de les seves idees, en una matèria tan sensible. *No m'equivocaré,* dirà ell, *sóc un home prudent*. Dies més tard, en un article a l'*Avui*, demostrarà que n'és. Algunes veus diran que l'article ha estat retocat...

Tanmateix, una cosa és certa i d'obligat recordatori. La feina que fa l'Àngel amb la immigració a Catalunya és àrdua, intensa, complexa, compromesa i necessària. Per això mateix, té els socialistes tan nerviosos...

L'acte, que són dos actes, és un acte. Desfilada dels càrrecs més notables, Oriol Pujol, Pere Macias, Ramon Tremosa (amb cita de *La muntanya màgica* de Thomas Mann...).

—Oh!, a Espanya. Com ha anat?

—Passadorament. S'hi viatja malament. La gent són mig moros. Castella és molt àrida i dura. El Kremlin és més bonic que el castell o el monestir d'allà al peu de la muntanya...

—El Escorial.

—Sí, el castell de Felip. Un castell inhumà. M'ha agradat molt més la dansa popular de Catalunya, la sardana, a toc de cornamusa. Jo també vaig afegir-me al ball. S'agafen tots de les mans i ballen en rotllana. Tota la plaça plena. 'C'est charmant'. És humà. M'he comprat una gorreta blava com la que duen els homes i els nois del poble, és gairebé un fes, la 'boina'. Me la poso per la cura de repòs en molts moments. Monsieur jutjarà si m'està bé.

... Felip Puig, Xavier Trias i *Ell*, que tanca la primera part. I després, amb la suma dels dos consells nacionals, Xavier Trias (*els barcelonins ens estem comprant els esquís)*, Josep Antoni Duran i Lleida i novament *Ell*, míting final. Constatació evident i estrident: cap dona en els parlaments. De fet, per molt que hi ha dones als llocs dirigents, i n'hi haurà a la candidatura, cap dona al nucli de decisió... El pinyol és masculí i, en algun cas, masculí alfa. I l'acte és masculí, i en alguns dels parlaments, masculí alfa. Especialment el discurs d'en Duran i Lleida, abrandat, frontal, brillant, exitós. Alfa.

> *Avui tenim una Catalunya pitjor, pitjor en l'economia, en la societat, en la confiança política... Pitjor... El tripartit està destruint Catalunya.*

Però abans de l'acte conjunt dels dos partits de la coalició, i abans dels efectistes —i efectius— discursos de Pujol i de Duran, en la prèvia més íntima, i des de la pròpia cadira, el calvinista que protagonitza avui totes les mirades, concentra els micròfons i focalitza els anhels dels homes i dones que s'han reunit per proclamar-lo (361 vots a favor, 1 en contra), no cita Calvino quan comença a parlar, sinó Sant Benet. *Com que avui es proclama l'abat, que serà temporal, us llegeixo la Regla de l'Abat: 'Ha d'anar al davant....'*

I així marca la naturalesa del seu sentit lideratge.

La Regla de l'Abat és un conjunt de normes escrites en un llibre que porta a l'acte. Quan, una estona més tard, se'n va a l'estrada per fer el discurs central, Jordi Pujol agafa el llibre i el fulleja. I diu, a qui l'observa de prop..., *Pilar, he mirat el llibre de Sant Benet que ha dut, i no creguis que l'ha agafat d'algun lloc i ha buscat una cita. No. El té tot subratllat i remenat. Se l'ha estudiat!!! S'ho creu!!!* El to del Molt Honorable no denotarà felicitat en comentar-ho...

Regles de l'abat que *Ell* té subratllades...

— *Que sàpiga que més li pertoca servir que manar.*

— *Ha d'anar al davant dels deixebles amb un doble ensenyament, posant l'accent més en l'exemple que en la paraula.* (...) *Les virtuts de l'Abat: ha de ser desinteressat, sobri, misericordiós (...), que no sigui turbulent, ni neguitós, que no sigui exagerat, ni obstinat, que no sigui gelós, ni massa suspicaç, si no, mai no tindrà pau.*

— *En la correcció ha d'obrar amb prudència i no fer de res massa, no sigui que volent fregar massa el rovell, es trenqui el vas. Que no perdi mai de vista la seva feblesa, i que recordi que no s'ha de trencar la canya esquerdada. I que miri de ser més estimat que temut.*

— *Diu l'Evangeli: 'Els reis de les nacions es disposen com a amos, i els qui les dominen s'anomenen benefactors. Però vosaltres no heu de ser pas així, sinó que el més gran d'entre vosaltres es faci com el més jove, i qui mana com el qui serveix. Perquè, qui és més gran, el qui seu a taula o el qui serveix? No és el qui seu a taula? Doncs jo sóc enmig de vosaltres com el qui serveix.'* (Lc, 22-25-27)

Sant Benet a Sant Benet. Dens simbolisme. Catalunya cristiana, passada pel calvinisme, Sant Benet passat per l'escola Aula, el segle XXI en les arrels del segle X... Així ho remata davant els consellers convergents que li han fet confiança per tercera vegada, *el monestir es va fundar al segle* X *'per ajuda i defensa de la gent d'aquest territori'. El meu compromís és aquest.*

Dur, competitiu, disciplinat, amant del repte, autoexigent, sacrificat, *un vietcong de la política*, en expressió d'en Madí. Tots els adjectius que li atribueixen els propis i que li coneixen —i no sempre li reconeixen— els aliens tenen a veure amb el concepte de resistència. *Fa d'escut de tots nosaltres*, dirà l'Helena. I afegirà, *saps que posa el mòbil sobre un mocador, perquè si truquen a la nit i vibra, no em molesti?* I serà aquí, a Món Sant Benet, després d'haver fet seva la Regla de l'Abat, investit per tercera vegada com a candidat a la presidència de la Generalitat, on farà el discurs més emotiu i, probablement, més intens de la seva carrera política. És el dia que s'albira Ítaca. Però, abans, és Ulisses recordant la dura travessia, és l'èpica del patiment, és la idea del sacrifici...

> *Ens podien treure la púrpura del poder i deixar-nos sense provisions, però no ens podien treure la força dels nostres ideals, ni les nostres conviccions.*

Sorprenentment, quan Yasmina Reza fa el relat del final de la campanya de Nicolas Sarkozy, també parla d'Ulisses i d'Ítaca. Ho posa en boca de Patrick Devedjian, un dels actuals homes forts de l'executiu francès. *Le pouvoir, c'est comme l'horizon, plus il s'approche, plus il s'éloigne... Mais il faut voir le paysage derrière la montagne. Peut-être c'est le voyage d'Ulisses. Parti comme lui, a la recherche de ses origines. Les présidentiales sont le voyage d'Ulisses.* Yasmina reblarà: *Il n'existe pas, Itaca...*

Però existeix el viatge. I entre Kavafis i Casaldàliga, l'home que acaba de ser investit farà la narració de la seva atzarosa travessia. Per a aquells que consideren que el nacionalisme català se sobrecarrega d'essencialisme, tant com defuig la realitat, aquest discurs és un luxe de metàfores.

> Deia el bisbe Casaldàliga, referint-se als cristians: '*Som soldats derrotats al servei d'una causa invencible*'. *Els que estaven a la riba i ens van enviar al mig del mar, no sabien que som soldats derrotats al servei d'una causa invencible: la llibertat de Catalunya.*
>
> *Ara, com el vell navegant després d'una llarga travessia, tenim molta set. Però no és set de venjança, està impregnada d'esperit positiu.*
>
> *Aixecar Catalunya des de la seva actual situació de confusió. Aixecar-la i enlairar-la.*
>
> *No ens poden treure la flama de la nostra catalanitat.*
> *Si aquest cop no ens en sortim, serà culpa nostra.*
> *Si Catalunya suma, Catalunya pot.*

Aplaudiments, eufòria desacomplexada, emoció i, a recer de les mirades, el final d'una etapa. Vuit anys de resistir. Així ho han viscut tots els que han fet, junts i sols, la dura travessia.

Podíem haver estat l'Hernández Mancha de Convergència,

dirà algú, i tots ho explicaran en termes èpics, quan recordin les primeres passes. Certament, des de qualsevol perspectiva, *aquest soldat vençut d'una causa invencible* va acceptar la causa en el seu pitjor moment, en les condicions polítiques més adverses. Substituir un lideratge omnipresent i omnipotent; carregar a les espatlles la motxilla de 23 anys de govern, amb els seus evidents clarobscurs; fer-ho amb la majoria absoluta del PP al govern d'Espanya; fer-ho a desgrat d'en Duran i Lleida, un líder intern molt més superior; patir la sonora i mediàtica crisi de la sortida del soci del govern; i enfrontar-se amb l'adversari polític més gran que ha tingut el socialisme català, Pasqual Maragall. *Va ser com desafiar la llei de la gravetat,* dirà en Madí amb indissimulat orgull. *Vam arrencar amb indiferència i tantsemenfotisme dels nostres, i el menyspreu dels altres. Teníem la sentència dictada en contra,* afegirà Francesc Homs. I Felip Puig, més expeditiu, ho certificarà: *Saps l'acudit del Jaimito? Doncs això. L'Artur és el de l'acudit, 'un enanito con unos cojones así de grandes'.* Parlaran de fermesa psíquica, de disciplina estricta i, sense anomenar la paraula, tal vegada excessiva per al calvinista que l'ha de rebre, tots li atorgaran una certa heroïcitat. *The only person you are destined to become is the person you decide to be,* va escriure temps abans Ralph Waldo Emerson, i quan l'Helena escolta per primera vegada el repte que es planteja, l'home que li parla ja sap el que ha decidit ser... *Ho he de fer amb tu, i si tu no vols que ho faci, no ho faré. Probablement vaig donar un sí una mica inconscient,* recordarà la seva dona. I *Ell* afegirà, *ben mirat, era un suïcidi. Però jo em coneixia prou com per saber que l'aposta que estava fent no era una aposta innòcua.*

The only person you are destined to become is the person you decide to be.

I, presa la decisió, Felip Puig va esdevenir Sant Joan Baptista, bo i explicant la bona nova als creients convergents. *Em va tocar fer l'Anunciació, la vinguda del messies a la militància. I en aquell moment, no va resultar gens fàcil.*

Però el sentiment d'enuig, de patiment, en l'apreciació més física del terme —*el pitjor dia de la meva vida*, exclamaran tots, amb un inusitat uníson—, el sentiment més rotund d'injustícia, el viuran quan, després de guanyar, perdran. El cava que estava fred s'haurà escalfat inesperadament, i l'èxit serà fracàs. Aquesta estranya combinació de dos verbs conjugats en clar oxímoron, guanyar i perdre alhora, serà el que marcarà el seu sentit de grup, la seva narrativa èpica i la seva convicció d'haver estat uns supervivents. Naixia el tripartit i, amb ell, naixia el dol. *Convergència s'ha fet més forta en el mal temps*, escriurà David Madí al seu llibre, i més tard afegirà, *va ser la pèrdua de la innocència per a molts de nosaltres*. I un rere l'altre explicaran, en termes de desolació —*una depressió col·lectiva*—, la barreja de sentiments que varen sentir quan, contra tots els pronòstics, varen guanyar les eleccions, i varen perdre, al mateix temps, el govern. Francesc Homs ho expressa amb nitidesa: *Havíem parlat de la derrota i havíem parlat de la victòria. Però mai de les dues coses. Això d'entomar alhora victòria i derrota va ser un exercici duríssim. Amb el temps, però, aquests anys de travessia ens han anat molt bé. Ens hem construït en l'oposició i ara som més forts.*

Tot i així, alguns hi arribarem molt cansats...

I, també, un rere l'altre enfilaran la cançó de l'enfadós tripartit, *l'artefacte monstruós*, en amable expressió de Felip Puig...

Parlaran molt d'en Carod-Rovira, *en Carod mai no ha estat creïble*, dirà en Gordó, *ha pres el pèl al país*. I Duran i Lleida repetirà la frase que tots han dit, en algun moment, *la gent del 31 i del 32, com en Coll i Alentorn, sempre em deien, 'l'únic principi d'ERC és que no té principis'...*

Contaran l'espia d'ERC que els va trair, *en Benach feia d'espia doble. Durant les negociacions ens va fer creure que tot anava bé i que hi hauria pacte. Ens trucava i ens venia una pel·lícula fal·laç. Tot era mentida*, apuntarà en Madí, i reblarà en Duran i Lleida. *A les reunions del pacte hi havia en Benach, en Puigcercós, Pere Macias i jo. El divendres, tot estava fet. No cal dir que em vaig sorprendre molt de com ens havien arribat a mentir.* I afegirà, *encara és hora que despengin el telèfon per dir-nos 'ei, tot allò, doncs res, no ho acceptem'. Ho vam saber per la premsa.* L'Oriol hi posarà l'accent, *ERC ens va prendre el pèl al primer, perquè no sabíem que tot estava manegat...*

Donaran detalls de les campanyes, *després del debat, començava la recta final de la pugna entre CiU i ERC pel votant nacionalista. Havia de ser el pròleg d'una guerra civil entre nacionalistes que encara dura*, escriurà en Madí al seu llibre...

Explicaran el procés de l'Estatut i parlaran de les mentides de Zapatero. *El va enredar com a un* xino, dirà Xavier Trias. I en Duran i Lleida narrarà uns fets que va viure en primera persona. Assegurarà que ell ho havia dissenyat d'una altra manera: *Els dos conductors del pacte érem en Rubalcaba i jo. Havíem preparat la reunió pel dijous. Havien de ser-hi en Zapatero, en Mas, en Rubalcaba i jo. En Mas m'havia dit, 'primer ens reunim els quatre i després ens deixeu sols una estona. Vull mirar-lo als ulls'. En aquells moments ERC ac-*

ceptava i també IC. La idea era, al matí, pacte CiU-PSOE, i a la tarda, la rúbrica de tots els partits. Però truca en Mas i ho ajorna. Em diu que per estratègia es vol veure a soles amb en Zapatero, i que no ho vol fer dijous, perquè els socialistes tenen la seva reunió dissabte, i era millor que no li tombessin el pacte que haurien subscrit. Que ja m'avisarà. I jo, per deixar-lo completament lliure, li dic que el cap de setmana tinc un bateig a la Vall d'Aran, i que no hi seré. Mai no he tingut un bateig a la Vall d'Aran..., però per deixar-lo ben lliure de mans. I aleshores em truca l'Antich el dissabte i em diu que en Madí l'ha trucat i li ha dit que l'Artur i en Zapatero estan pactant l'Estatut. No m'ho podia creure! Aleshores em truca en Zapatero i m'ho diu, i em passa l'Artur. Així va anar... Van trencar el disseny que havíem fet en Rubalcaba i jo i, a la fi, en Zapatero el va enredar...

Expressaran el seu menyspreu per en Zapatero, *com va dir en Felipe d'en Zapatero, 'necesitó ocho años para sacarse Derecho'*, segons l'Homs. *En Zapatero és inconscient, inconsistent i incompetent*, afegirà Duran.

Expressaran el seu menysteniment per en Montilla. *És amo dels seus silencis. Però és que el paio només té silencis*, assegurarà Germà Gordó, ... *el pitjor president de la història de Catalunya*, exclamaran tots a una...

I, finalment mostraran una renovada convicció de tenir la victòria a l'abast:

> *Ara no anem a resistir.*
> *Ara anem a guanyar.*

El 2003, la campanya per existir. El 2006, la campanya des de l'oposició. El 2010, la campanya des de l'alternativa.

Amb aquesta tríada d'enunciats, la gent de l'home que està al final de la travessia, convençut que la terra que albira és Ítaca, reprèn la lluita per arribar a port. Tot l'acte de Sant Benet respira aquest final d'etapa, aquesta moral de resistència i..., bones perspectives en mà..., aquesta moral de victòria. Els soldats caiguts del bisbe Casaldàliga, destres mariners de la nau d'Ulisses, comandats per un abat que es regeix per regles severes, creuen que ha arribat el seu moment. No contemplen cap altra opció. I si l'opció que no contemplen finalment arribés, tots responen igual: *Ens n'anirem convençuts d'haver fet tot el que podíem fer.*

Casaldàliga, Sant Benet, Kavafis, en algun moment Joan Maragall *—enlairar Catalunya—*, sobrepès de lírica... I alhora, sobrepès d'èpica. Tal vegada, epopeia... Winston Churchill va dir: *Success is the ability to go from one failure to another with no loss of enthusiasm.* De derrota en derrota, sense desesperar-se, així s'arriba a l'èxit... I, certament, *Ell* ha esperat, però no s'ha desesperat. Serà, doncs, l'hora de l'èxit?

Hores més tard, amb uns amics aliens a aquest món, però propers a votar al candidat, algú dirà, *m'agrada en Mas. Però m'agradaria que fos més dur, el veig una mica tou...* Tou? Tou, aquest home? Certament, el poder dels estereotips brilla per damunt del poder de qui els pateix, incorporats a la imatge com un virus que transmuta la seva naturalesa. La vella frase d'Einstein ressona a la memòria, amb la seva precisa punteria:

> *It is harder to crack a prejudice than an atom.*

Molt més difícil de destruir el prejudici que l'àtom. I la construcció de tot un edifici d'estereotips tan allunyats a la seva personalitat com eficaços en l'art de desprestigiar-lo, ha estat minuciosa i, sens dubte, exitosa. Però *Ell* hi ha ajudat, tan tossudament amagat darrere la màscara. Novament és en Madí qui hi reflexiona. *En Mas començava a ser un líder conegut. Però el Mas dels valors, de la fiabilitat, de la sensibilitat social, de la intel·ligència política, de la proximitat, tot allò que fa que un líder es percebi amb tranquil·litat i estima, es resistia al gran públic.* Sens dubte, Artur Mas és l'home que més admira David Madí, sempre amb permís de l'admiració que es té a si mateix...

Es resistia al gran públic, i encara. Tot i que la màscara ja presenta, sortosament per a *Ell*, moltes esquerdes.

En reflexionar sobre el pinyol i la seva travessia, sobre *Ell* i la seva Ítaca, sobre Sant Benet i les regles de l'abat, és difícil evitar la sensació d'una certa ingenuïtat. Què és l'èpica, en la política? Resulta clar què significa en la guerra, on l'heroïcitat esdevé un valor intrínsec, pur. Però la política camina per viaranys més sinuosos, juga amb els malentesos, construeix miratges, i mai no presenta batalles a camp obert. La política es combat en la foscor, tant com es decideix en la claror del dia. En la política, el valor pur és la perspicàcia. L'heroïcitat, en canvi, resulta sovint un guinyol. Tal vegada aquest grup de gent que demostra una inequívoca intel·ligència estratègica a l'hora de comandar la nau en travessies difícils, i que, fins i tot, ha protagonitzat les campanyes electorals més agressives dels darrers temps —amb permís de les que han sortit de la fàbrica Zaragoza—, emana, tanmateix, un toc naïf sorprenent. Què s'esperaven? Flors i violes? De què se sorprenen? Del joc a les bambolines? Què es creien? Que ningú no pactaria a l'ombra, ningú no maniobraria, ningú no ho tindria tot manegat, per tal de defensar els propis interessos? Això és la política! O, millor dit, això també és la política! Considerar, doncs, que els pactes a l'ombra dels Carod i els Puigcercós amb els Montilla i els Maragall és un greuge a la justícia universal, tant com és una traïció a Catalunya, és pecar d'uns quants excessos. Primer, l'excés de creure's el centre de la defensa nacional, sense entendre que hi ha moltes maneres de defensar Catalunya, i que tots creuen que la pròpia és la bona. Mercè Rodoreda deia que la veritat és un mirall trencat, i que tothom en té un bocí. També deu ser-ho Catalunya, un mirall trencat... Al capdavall, els d'ERC defensaven els seus interessos, talment els del PSC. Però, no ho feien també els convergents? El segon excés lliga amb aquest, creure que els seus interessos són els de Catalunya. *Ergo,* una traïció als propis interessos és una traïció al país. Tanmateix, aquest pecat, ho és d'un cert messianisme. I, finalment, el pecat de la sobèrbia, molt propi de la ingenuïtat. No. *Ell* no és superb, ans al contrari. Peca, com s'ha vist, d'un excés d'austeritat, també en la valoració que fa de si mateix. Aquest home és l'antítesi de la supèrbia. Però sí és superba la valoració que fan, tots ells, del seu paper a la història de Catalunya, un paper que encara està per escriure, si és que s'escriu. En certa manera, s'han escollit a si mateixos i... se senten Els Escollits. Per a una missió? Sens dubte, per a la missió èpica de fer una passa endavant en la llibertat de Catalunya. Noble missió. Només que són els pobles els que decideixen qui els canvia la història.

En parlar amb Jordi Pujol, al seu despatx del passeig de Gràcia, en la tarda que van caure les neus del Kilimanjaro damunt Catalunya, després de més d'una hora de... *això no ho apuntis*, i amb tres pobres pàgines escrites *amb permís*, apareixerà la mateixa sensació d'una certa ingenuïtat. *El més ingenu de tots, el teu fill*, li dirà la cronista, i *Ell* parlarà i parlarà fora bolígraf, inquiet per allò que quedi apuntat. *La primera obligació d'un expresident és no fer nosa*, haurà dit només començar a preguntar, i posarà la marxa enrere en totes les respostes, delerós de protegir el delfí. Ja no serà l'home espontani que, a Sant Benet, haurà expressat algunes de les seves preocupacions respecte del candidat. Serà un ex-president en guàrdia, preocupat pel *mal* que podria fer un llibre com aquest. I així començarà la conversa, parlant del llibre i renyant l'autora per la *incomoditat* que li genera el propi títol. *La màscara del Rei Artur..., hum..., això de màscara..., té una connotació que no m'agrada..., és..., màscara, ja saps, amaga coses, sembla un home tèrbol...* Però l'autora no canviarà el títol, i la conversa caminarà amb crosses, convertida més en un interrogatori a qui pregunta que una entrevista a l'home que va governar Catalunya durant 23 anys. Sense trencar, doncs, la confidencialitat, una cosa quedarà clara: En Pujol també creu que el pinyol respira una certa ingenuïtat, i que els seus membres interpreten com a greuge personal això que no és res més que la *gramàtica parda* de la política. *L'Artur és ingenu?* La resposta serà franca: *No, de cap manera, és un home que té un olfacte innat per la política. Però té un codi moral estricte, i per això li costa entendre algunes males arts.*

A hores d'ara, i segons tots els indicis, encara no les ha entès...

ELL I EL NOTARI

José Antich, el director de *La Vanguardia*, li dirà a l'entrevista del *59'* de TVE, *els notaris i els psicòlegs no tindran feina amb vostè*. Serà el dia que haurà afirmat que s'ha conquerit a si mateix i el dia que, sobre el notari, respondrà amb contundència, *no, no aniré al notari*. Però hi va anar en les eleccions anteriors, i aquesta decisió —*tots hi estem d'acord, però la idea és seva*, assegura en Madí— va ser la més polèmica de la campanya. Encara ara li ho retreuen els del PSC, i encara ara li ho recorden els del PP. En el moment d'escriure aquestes línies, per exemple, acaba de sortir una entrevista a Alícia Sánchez Camacho a *La Vanguardia*, i l'Alícia no estalvia el record: *Todavía espero que CiU y el señor Artur Mas se disculpen ante los miles de votantes del PP por haber acudido al notario. Fue una actitud claramente antidemocrática, como el primer pacto del Tinell, que vetaba cualquier pacto con nuestro partido*. Li ho preguntaran arreu. A l'acte de Saudade, per exemple, contestarà amb una sola frase al seu possible retorn al notari. *No tornaré al notari. Més preguntes*... I arreu on vagi, serà una mena de càstig recurrent, insistent, sens dubte, des de la perspectiva que ara en té..., emprenyador. *El notari va ser un tallafoc*, havia dit a la gent de la penya gastronòmica Carlos Rodríguez, i l'expressió farà fortuna en altres indrets. Quan en parli reposadament, les seves explicacions seran precises, raonades i... raonables.

P. R. *Vau cometre errors estratègics. El notari, per exemple.*

A. M. *El notari no va ser una errada, crec. T'ho argumentaré. El notari no és una errada si ens posem en context. Tot i que, vistes les conseqüències d'allò, doncs és cert, un altre cop, que m'he de pensar més bé les coses, perquè he d'entendre la sociologia del país, i en això em vaig despistar un pèl. El notari tenia dos objectius i el vaig avalar jo. De fet, t'ho explico d'una altra manera, el notari ve per mi, però no respecte del PP.*

P. R. *La idea d'anar al notari és teva?*

A. M. *La idea d'anar al notari és meva, pero no respecte del PP. Ho entendràs si et poses en l'ambient del dissabte al matí* (fa referència a l'acte de Sant Benet). *En un moment determinat, un sociòleg d'aquest país em parla d'una manera nova d'adreçar-se a la gent en una campanya electoral, i em parla de fer un contracte, un contracte amb la ciutadania, i jo, en aquell moment, compro la idea.*

P. R. *Donar la paraula, diguem-ne...*

A. M. *La meva paraula. Firmo, doncs, un contracte amb tots els catalans i l'envio a totes les cases. Compro, doncs, la idea. Llavors li ho comento un dia al David, abans de les eleccions del 2006. 'Escolta, jo crec que hem de treballar aquesta idea. Això de firmar un contracte amb els nostres principals compromisos, amb la gent d'aquest país.' I així vam quedar. Com que en David és força autònom i jo li he donat molt marge en el tema de disseny de les campanyes, no em va fer gaire cas. Però jo vaig anar insistint, 'escolta, aquella idea que serà molt innovadora, això és diferent, això és una altra història. S'adiu amb la meva personalitat, jo m'hi sento còmode...' I, al final, ens hi vam posar. La idea, per tant, no era anar al notari, però vaig insistir en el contracte. Llavors ens vàrem trobar al 2006 amb la histèria que hi havia... Fixa-t'hi, estàvem en la legislatura dels pactes amb el Partit Socialista, jo havia pactat amb el Maragall a Catalunya contra el PP, i, en definitiva, el PP havia quedat aïllat. Havíem fet el pacte de l'Estatut a Madrid amb en Zapatero, i a mi, al* Guiñol *se'm presentava com un enamorat d'en Zapatero i me n'anava al llit amb ell.*

P. R. *Ho recordo. Eren molt bons.*

A. M. *Sortíem en el* Guiñol *com si fóssim dos enamorats gais que ens fotíem junts al llit. Aquesta era la imatge que hi havia en aquell moment. I, just en aquell moment, la campanya del PSC era que aquests tornen a la Generalitat de la mà del PP. D'un PP bestial, perquè era el PP de l'Estatut, l'Església que anava contra nostra, els militars... Aquell ambient, amb la campanya de l'Estatut a peu de carrer per part del PP, era bestial. Imagina-t'ho, jo estava fent grans pactes amb els socialistes, i, a més, estava fent-ho des de l'oposició...*

P. R. *I és quan et retreuen aquest tema...*

A. M. *Sí. I com que això quallava, perquè veníem del cony de pactes de la majoria absoluta de l'Aznar, i tot això encara era molt recent, perquè només portàvem tres anys fora, a l'oposició, doncs era fotut. Al final vam dir, escolta tu, aquí hem de posar un tallafoc perquè, si no, jo no faré cap roda de premsa durant tota la campanya en què no hagi d'explicar això del PP. Cap notícia, que no em titulin per aquí...*

P. R. *Encara et passa. Avui t'ha passat...*

(Parèntesi. Aquell mateix matí, Jordi Basté, a RAC1, el 18 de gener de 2010, li havia preguntat: *Montilla va convidar-lo, des de* Público, *a dir que no pactarien amb el PP, què hi diu?* I ell va respondre: *No parlaré ni del tripartit, ni de pactes. Cal un Govern fort que tregui el país de la crisi. I el que és important és que tirarem endavant. Amb qui? Miri, depèn. Tot ho haurem de fer amb una gran majoria, però pot ser diversa. Puc tirar endavant l'eliminació de l'impost de successions amb el PP, el Quart Cinturó amb el PSC, o la llei d'educació, i temes d'autogovern amb ERC...* La geometria variable...)

A. M. *M'ha passat avui i em continuarà passant, pero ara m'ho trec del damunt d'una altra manera, ara ja no estic acomplexat amb aquesta història. Aquesta vegada ja no em fotran. Però aquella vegada em van agafar. Anava a les rodes de premsa, pocs mesos abans de les eleccions, havent fet els pactes amb en Zapatero, i tot era PP.*

P. R. *I et deies, com és possible que em passi...*

A. M. *Sí, em feia la pregunta, com és possible que em passi això? Sempre igual, a totes les rodes de premsa, 'escolti, vostè farà algun acord amb el PP per tornar a la Generalitat?' I vinga amb el PP. I era el PP que estava portant l'Estatut al Constitucional! I jo els deia, no veieu que acabo de pactar amb el Partit Socialista? Però era igual.*

P. R. *El missatge no estava a la resposta, sinó a la pregunta.*

A. M. *Exacte, perquè era absolutament induït.*

P. R. *I anaves repetint i repetint...*

A. M. *Segona part de la pregunta, jo ja havia dit que no deu vegades, però la segona part de la pregunta era bé, 'escolti, però vostè acceptaria els vots del PP per ser president?' Dic, 'home, escolti, jo a vostè ja no sé què respondre-li, ja els he dit que no vull cap acord amb el Partit Popular', però vaig arribar a dir una cosa, vaig dir, 'escolti, jo no puc evitar que els diputats del PP, que són lliures de fer el que vulguin, si un dia volen apretar el botonet per votar-me a mi com a president, encara que no hagi pactat amb ells...', però res. Pensa que érem a tres anys de la sortida de l'Aznar del poder. Doncs, res. Titular de l'endemà, després d'aquesta resposta de dir 'escolti jo no puc evitar-ho, això, pero jo no vull cap pacte amb el PP...'*

P. R. *Que acceptaria...*

A. M. *Mas acceptaria ser president amb els vots del PP. I així un dia i un altre. Jo vaig pensar, escolta, això, o ho tallem, o arribarem a les eleccions amb la sensació que no som clars en aquest tema i per tant..., legitimem el tripartit una altra vegada, per aquesta via.*

P. R. *La por al PP movia muntanyes en aquell moment.*

A. M. *Movia muntanyes, era bestial, ara no tant. Però en aquell moment, sí i vam dir, bé, hem de posar un tallafoc. I aleshores em sembla que jo vaig suggerir, escolta, doncs en els contractes dels nostres compromisos, posem-ho com a compromís, perquè la gent sàpiga que això està signat per mi. I aleshores a algú se li va acudir, escolta, el que podríem fer, a més a més, és registrar-ho davant d'un notari, de tal manera que el cop d'efecte sigui encara molt més gran. I és aquí on ve el meu defecte, si se'n pot dir defecte. Mira, hi ha dues maneres de veure-ho, això. Hi ha la manera que final-*

ment es va imposar: Creuen tan poc en ells que fins i tot van a un notari.

P. R. *És inevitable. És la lectura lògica.*

A. M. *Sí. Però fixa-t'hi, perquè hi ha una altra manera de veure-ho, que era la meva, tot i que no va ser idea meva..., que era dir, és exactament a l'inrevés, n'estic tan segur del que us estic dient que fins i tot sóc capaç d'anar a un notari i fer-ho firmar. Perquè, quan tu et compres un pis, el moment important de veritat no és quan estàs parlant amb el venedor, és quan vas al notari.*

P. R. *És quan firmes.*

A. M. *Aquell és el moment de la veritat, és quan te la jugues.*

P. R. *Aquí és on en Pujol té raó. Li preocupa que siguis un home que compleixes tant la teva paraula, i necessitaves tant que et creguin...*

A. M. *D'acord. Jo necessitava que em creguessin.*

P. R. *I, a més, et sorprenia que no et creguessin.*

A. M. *Sí, hi havia una part egoista, la part de tallafoc amb el PP. No ens en van parlar més. A partir d'aquell moment, la campanya va ser el notari i el DVD i no sé què més, però ningú més, ni una sola vegada en cap roda de premsa, ningú més no em va fer una sola pregunta sobre el PP. El tallafoc va funcionar.*

P. R. *També és lògic, perquè la política és així. Si tu elimines el principal argument que tenien els altres, en van haver de buscar un altre.*

A. M. *I perquè també, Pilar, la campanya d'ells* [del PSC] *va ser absolutament plana, i per tant nosaltres vam fer una campanya de lideratge. La campanya d'uns que anaven a guanyar. Vam fer un programa agosarat, amb temes d'immigració i moltes altres coses, vam liderar la campanya, i com que no hi havia res més, tot anava contra nosaltres, que estàvem a l'oposició.*

P. R. *I en canvi, a nivell de mitjans de comunicació, us van massacrar.*

A. M. *Ens van massacrar.*

P. R. *Us devia importar poc, perquè només era soroll. La prova és que vau guanyar...*

A. M. *Sí, però hi ha gent nostra que s'espanta, Pilar. Quan nosaltres no tenim res a favor en l'àmbit mediàtic, hi ha gent que s'atabala.*

Un rere l'altre, els membres del pinyol defensaran el notari, per bé que no queda clar, finalment, si la decisió va ser d'en Madí —*d'en Madí*, assegura Trias— o d'*Ell*. Però sembla evident que va ser una decisió molt pensada.

I, noblesa obliga, certament va ser un fulminant tallafoc... Tanmateix..., quan la paraula d'un líder polític ha d'anar al notari..., és que alguna cosa seriosa li passa al líder i li passa a la política...

LLEGENDES URBANES: VUITÈ I NOVÈ APUNT

No pot veure en Duran i Lleida. En Duran tampoc no el pot veure a Ell.
Ell i la seva dona són uns pijos.

Amb l'Artur hi tinc una relació normal, però no cordial. Ho diu Josep Antoni Duran i Lleida, i, durant una llarga estona, verbalitza les dificultats que té per entendre's *humanament* amb el seu antic rival. *No hi ha sinergia*. Per afegir, *em costa molt parlar políticament i humanament amb l'Artur. Des dels inicis. Pensa que quan compartíem consell executiu, crec que no vaig parlar mai amb Ell. Amb prou feines ens coneixíem. Clar que Ell no parlava amb ningú...*

Ni grans converses, ni àpats que aterren, a les postres, en el terreny de l'oci i la broma, ni confidències personals, ni sortides fora d'agenda... *Sort en té de l'Helena*, afegeix en Duran, *que és molt més sociable. T'explicaré una anècdota. Abans de les eleccions, el vaig ajudar amb els contactes internacionals i vàrem viatjar junts. En un viatge a Cuba, estàvem visitant l'Havana vella amb Eusebio Leal, que és l'home que millor la coneix, i vaig proposar d'anar al Floridita a fer un daiquiri. Ràpidament, va dir que no podia, que havia de preparar el seu discurs al Casal Català. La dona em deia, 'va, convènce'l!'. Al final ho vam aconseguir i va venir. Es va prendre un únic daiquiri, es va asseure en una taula i va començar a preparar el discurs... Quan en Pujol em va pregun-*

tar 'què?, com ha anat el viatge?', li vaig respondre: 'No hem parlat gaire'. Saps què em va dir en Pujol? 'Això ens passa a tots'.

Però aquesta distància educada que relata la relació de gairebé tots ells s'ha escurçat, en el cas d'en Duran, els darrers temps. I aleshores explica els mesos de la depressió severa que ha patit el líder d'Unió Democràtica, l'angoixa de sortir de casa, la sensació de no tenir fites, el pou... *Després del càncer, que sortosament va ser molt lleu, molt agafat a la primera, em va venir la depressió. I em va costar molt sortir-me'n. Però la química és un miracle, i ara que estic perfecte m'impressiona recordar aquell moment, aquell forat.* Serà aquesta dura i íntima experiència la que, sorprenentment, l'apropparà a *Ell*. *Li vaig dir, no podré estar al 100 % perquè estic patint una depressió i m'estic medicant. I ho va entendre al moment. És la vegada que l'he vist més càlid, més proper. Em va parlar de la seva dona, que també ha estat lluitant contra una depressió. Em va dir que m'entenia, que sabia què era, que estava amb mi. Mai no havia sentit tan a prop l'Artur.* I rebla: *Saps, Pilar? L'Artur és tímid i honest, per això li costa tant obrir-se.*

Ell dirà, en el marc de la darrera conversa d'aquest llibre, al Parlament: *He competit amb en Duran sense massa miraments, però sempre l'he valorat més del que en Duran m'ha valorat a mi. Tot i que ara em té més consideració i respecte que abans. Som dues persones amb un caràcter molt marcat. Dos caràcters forts i dos partits que van junts. És un terreny propici per a la tensió.* I articularà una frase rotunda:

> *Vull que en Duran noti que no el tracto com a un subordinat, sinó com a un alter ego.*

Mira, el tracto de tu a tu, i això que hi ha gent a que li costa més... Però ho ha d'entendre. Jo no sóc un més de la colla.
I rematarà:

> *En Duran i Lleida no és un íntim amic, però és molt més que un saludat o que un conegut.*

La prova és que no m'he ficat mai en els assumptes de Madrid. Però també és cert que, si sóc president de la Generalitat, hi tindré una relació que anirà més enllà de les costures de Catalunya.

És, doncs, una altra llegenda urbana desmentida, la que assegura que *Ell* i en Duran i Lleida no es poden veure? Del molt sentit, vist, parlat i finalment escrit en aquest llibre, resulta evident que no són amics, que no s'entenen en el llenguatge de la vida, que varen ser adversaris i que ara tenen una relació *normal, però no cordial,* que els permet col·laborar estretament, tenir-se una confiança política raonable, i uns primíssims fils vitals que, sorprenentment, s'estan enfortint a causa dels vasos comunicants d'una depredadora malaltia. Cap dels dos, a oïdes de qui escriu, ha parlat malament de l'altre. I tots dos, en algun moment, s'han mostrat tranquils pel que fa a la relació que tenen ara. Els ponts, a tots els efectes, s'han refet i gaudeixen d'una salut raonable. El gris anímic que ha estat patint l'Helena i el gris anímic que va patir en Duran han estret els lligams...

Helena Rakosnik i Tomé, descendent d'un botànic txec que es va instal·lar a Elx per estudiar les palmeres, amb família a Sòria, nascuda en una torre del barri de Gràcia, amb una mare nascuda a Narbona, castellanoparlant i, tanmateix, professora de català... És *la pija* de l'estereotip, la companya d'*Ell*, un altre *pijo*. *Pijo? En té un punt*, assegura amb sarcasme Francesc Homs. I, ben mirat, aquesta parella atractiva, educada, generalment ben vestida, elegant i culte, no desprèn un aire popular. Però, com passa amb tants dels adjectius aplicats a la seva persona, també aquest és injust i és erroni, tant com segurament és inevitable. *Pijo? En el sentit de marques i elitisme i fatxenderia? Ni parlar-ne!*, respon Oriol Pujol amb contundència. I té raó.

Parla l'Helena. *No sóc gens esnob. Vinc de gent de Castella, gent senzilla. Vaig estudiar a Betània, però amb beques. La família volia que tingués uns bons estudis, però els va costar molts esforços. Després vaig anar a l'Institut Montserrat i al Boscan, tot públic, vés per on. Vaig ser* boy scout *i, de jove, vaig treballar amb grups d'escoles marginals. Dels onze als divuit anys, els meus estius eren en unes colònies franceses on hi havia nois i noies marginals. Fèiem tallers amb ells i convivíem. Aquells estius em van donar un gran bagatge vital. I, després, doncs els caps de setmana a la caseta de l'Ametlla, amb els gats i els conills dels avis...* El 13 de novembre de 1980 va conèixer qui, gairebé dos anys després, seria el seu marit. Es van casar el 2 de juliol de 1982, quan l'Helena tenia 25 anys i *Ell* en tenia 26, decisió *seva, 'ens hem de casar', i fins ara. Vam fer una festa preciosa pel vint-i-cinquè aniversari. Els fills van venir, però només al principi, després se'n van anar i ens van deixar amb els nostres amics. Aquell dia em va dir, 'Helena, hem estat uns privilegiats amb les vivències que hem tingut a la nostra vida'.* Treballa, des de sempre, a Transports Metropolitans de Barcelona, a l'escola dels quals va començar a exercir de mestra.

El vint-i-cinquè aniversari del casament... Dies abans van diagnosticar un càncer de pit a l'Helena. La resta és coneguda, el bon pronòstic, l'operació, la radioteràpia, acompanyada sempre del seu marit, els bons resultats... *Ja ho saps, no li va dir res a ningú, res. Només va bloquejar la seva agenda per venir a totes les proves mèdiques, però no va dir a ningú el motiu. Ni a la secretària. 'Si m'ho pregunten, què he de dir?', li deia jo, i Ell em contestava, 'digues que estàs de baixa'. Però era molt fumut, perquè quan algú em preguntava com estava, jo que sóc molt sociable i xerro amb tothom, no sabia què dir. No sabia si m'ho preguntaven per cortesia, o si m'ho preguntaven perquè en sabien alguna cosa. Però no hi va haver manera. Senzillament, Ell no va dir res.*

Probablement d'aquell càncer, i de les moltes pressions que ha patit en els darrers anys, se'n va derivar una depressió que ha estat maldant per superar. *No he estat en el millor moment vital, però me n'estic sortint, d'aquest color gris meu...* La conversa, en una taula apartada de la Fonda Gaig, s'allarga fins a les sis de la tarda. El bolígraf deixa d'escriure, apartat per un inesperat i preuat moment d'intimitat. Res del que diu a qui l'escolta és important per a aquest llibre, però les emocions d'aquella tarda teixeixen una delicada complicitat. És una dona forta i ha estat vivint un moment fràgil, i les preguntes de la seva vida s'amunteguen en el seu cervell, momentàniament vulnerable. Estima el seu marit de manera intensa, i quan parla d'*Ell* recupera la força. *Pensa que es preocupa del dia a dia, de tot. Sap les notes dels nens, els exàmens, qualsevol problema a casa, jo li faig arribar tot. I mai no deixem de celebrar res, res. Ell s'apunta tots els aniversaris i no saps les vegades que m'ha sorprès.* Però quan la vida pinta de gris, la lluita és el somriure.

Me n'estic sortint. M'han ajudat molt. Sense cap mena de dubte, se'n surt. Perquè l'ajuden i perquè s'ajuda.

Superada la prova del gris, si arriba a ser la primera dama d'aquest país, serà una dona coratjosa, amb personalitat pròpia i capaç, probablement, de deixar la seva particular petjada. *Marta Ferrusola o Diana Garrigosa?*, li va preguntar Joana Bonet a l'entrevista que li va fer per a *La Vanguardia* el 2006. I va respondre veloç: *Helena Rakosnik*.

D'on surt, la llufa de parella *pija*? D'on surten totes les llufes, sens dubte, de la guerra bruta, el desconeixement i la distorsió de la realitat. És cert que són una parella que queda bé a les fotos, i que conformen la imatge d'una família benestant, educada, culta, formal. Però també ho és que viuen en una casa molt normal, que estiuegen a la fonda de tota la vida a Fornells, que un fill ha anat a la Pompeu Fabra, i que ni els seus gustos, ni el seu estil de vida, tenen res a veure amb una manera elitista de viure. Tanmateix, l'estereotip ha funcionat. I així, benestants, educats, cultes i formals, tot ha conformat una excusa eficaç per menystenir-los. Caldrà preguntar-se, tanmateix, en quin moment de la història de la nostra societat, aquests adjectius han esdevingut negatius. Les bones maneres..., sota sospita... Estrany país...

La llufa també penja de les maledicències que han dit d'*Ell* els seus adversaris polítics. La frase *quan nosaltres lluitàvem contra la dictadura, en Mas es treia el títol de patró de iot* ha fet fortuna en els cercles político-periodístics, per molt que, en part, no sigui certa. No ha estat mai patró de iot, però és cert que no va lluitar contra la dictadura, i en un país farcit d'*herois assassins de Franco*, en expressió feliç de Francesc-Marc Àlvaro, aquest és un *pecat* que els adversaris explotaran sense pietat. Diu, amb brillant punteria, la sinopsi del polèmic llibre del Francesc:

La transició democràtica va ser una enorme impostura. La dels herois d'una oposició incapaç de derrocar Franco i la dels exfranquistes que volien continuar tenint vida més enllà del règim. I la de tota una societat que, anestesiada durant anys, va acceptar o consentir, activament o passivament, una sortida de la dictadura que no va passar ni per la reconciliació, ni pel perdó, ni pel reconeixement de les víctimes, ni per la veritat dels fets històrics.

Aquests *herois assassins de Franco,* que tanmateix van permetre que el dictador morís al llit, i que han fet servir la impostura de l'heroïcitat antifranquista com un valor de canvi per fer política, són els que usaran el seu buit antifranquista per intentar destruir-lo. Carod serà especialment militant d'aquesta campanya, fent circular la insídia del seu pretès castellà familiar, i bo i passejant el seu propi —i inflat— passat resistent arreu on vagi, per tal de demostrar que *Ell* no en té, de passat antifranquista. Es tracta de despullar-lo d'èpica, en un país on l'èpica del sacrifici és un valor preuat. D'aquest passat *blanc, Ell* mateix en parlarà amb normalitat.

A. M. *La generació dels meus pares era una generació amputada. És cert que alguns van reaccionar, però la majoria d'aquells nois, d'aquella gent, tenien 13-15-16-17 anys en el 40. És el cas del meu pare i també en part de la meva mare, que eren catalans. A casa parlaven en català, llegien el* Patufet *i jugaven al quinto.*

P. R. *I s'alegraven quan guanyava el Barça.*

A.M. *I s'alegraven quan guanyava el Barça, perquè evidentment eren del Barça, però no feien política. I el bany que van rebre a les seves escoles va ser bestial. El pare havia de can-*

tar el Cara al sol *i tot això. Va ser bestial, una putada. I sí és cert que, de tant en tant, de tota aquella generació amputada, en van sortir alguns que van tenir aquesta consciència i que van lluitar. Però potser eren el 3 % de la població.*

P. R. *Eren la minoria de la minoria i, molts d'ells, gent molt* pija, *per cert.*

A. M. *Jo no vaig ser un d'ells. El que passa és que jo no m'he disfressat mai. És a dir, no m'he passat mai hores davant del mirall intentant semblar progre, que és el que molts d'aquests han fet. S'hi han passat hores, per poder semblar progres. Mira, Pilar, jo no vaig ser mai una persona vinculada a la universitat amb els moviments antifranquistes. Com tants altres, jo anava a les manifestacions de la Diagonal, però després em dedicava a estudiar.*

P. R. *I això ho han convertit en un motiu de desprestigi, de falta de compromís polític.*

A. M. *Però si porto més de vint anys fent política! Més de vint anys, cony. Ni en Macià rebia lloances, imagina!*

P. R. *Era militar, militar espanyol...*

A. M. *Espanyol i no es va vincular al món del catalanisme fins als 40 anys... I mira, després va ser un President estimat.*

I dirà, en un altre moment en què repassa el seu aspecte físic.

A. M. *Sempre m'he vestit correctament. Mai no he anat grenyut, ni als 18 ni als 20 ni als 25 ni als 40 ni als 50. Ara, borratxo hi he anat algunes vegades...*

P. R. *Sí? Fa anys?*

A. M. *Sí, de jove, abans de l'Helena. Quan intentava divertir-me tant com podia. Però grenyut, mai.*

En algun moment recordarà el passat antifranquista d'en Pujol i dirà: *Ell té un pedigrí que jo no tindré mai, perquè en Pujol ve d'una època i d'una lluita de la qual jo no en formo part.* I en farà un elogi sentit:

A. M. *No és tan fàcil, a la vida, passar-se dos anys a la presó, podent estalviar-s'ho. Ser a la presó és molt dur i ell va tenir el coratge i la valentia de comprometre's. Va sacrificar moltes coses, entre d'altres una dona jove que estava al seu costat i que tenia un fill. No és cap tonteria, això. Home, jo no sé si, posat en aquest límit —ens separen 26 anys—, hauria tingut el coratge de fer una cosa així. Potser sí, no ho sé, però ell el va tenir i és una cosa que jo respecto pel que significa com a exemple.*

Sense passat antifranquista per poder passejar-lo a les televisions, amb la llegenda d'un suposat castellanisme amb la família i amb els aires de nen educat, casat amb noia tan guapa com *Ell*, l'estereotip va néixer amb tanta facilitat com alegria. *És un pijo*, tronaven els adversaris, mentre mostraven les seves ferides inflades de l'antifranquisme. *És un pijo...*, i els *pijos*, a Catalunya, no agraden...

Desmentir aquesta llegenda és tan senzill com conèixer la família. I, especialment, conèixer l'Helena. Sense desmesures de cap mena, espontània, ingènua, *no vull canviar en aquest sentit*, social, oberta, és, en el millor dels sentits, una dona normal. Una dona normal, amb una família normal, un treball normal, uns gustos normals i un marit la vida del qual no n'és gens, de normal...

Una dona normal que, com tantes dones normals, ha estat vivint un moment gris de la seva vida...

A vosaltres, els qui del sofriment
sou elegits per a les altes proves,
com us escolto quan calleu i em deixo
penetrar pels laments que mai no heu dit.
Plens en excés de forces abatudes,
plors ofegats i dominades ires,
els ulls, les mans, com en ruïna, parlen
d'imperis destruïts per sempre més.
Sóc terra que vol ésser fecundada
pel riu amarg que neix en vostre cor
i, compartint el greu dolor, lloar-vos,
a fi que us retrobeu, transfigurats.

(«Als elegits», Joan Vinyoli)

Et contaré una vivència personal que, d'alguna manera, explica com és l'Artur, comenta David Madí. *Sóc malalt de la malaltia de Crohn* (una malaltia de caràcter autoimmune en la qual el sistema immunitari ataca el propi intestí), *i a vegades necessito ingressos hospitalaris. Feia sis mesos que havia començat a treballar amb Ell a la conselleria d'Economia. Imagina-t'ho, jo, tan il·lusionat, amb 26 anys, i en plena feina, guanyant-me d'alguna manera el càrrec i la confiança, i m'han d'ingressar i operar. Vaig estar quinze dies de preoperatori, endollat a la màquina, a l'hospital, després l'operació i encara després convalescència a casa. Durant aquest període, Ell em va trucar cada dia, a vegades diversos cops, i cada dia, quan trucava, em parlava de feina. Passàvem una bona estona despatxant, com si res. Em preguntava què opinava, què havíem de fer, com tenia allò o allò altre, em tractava com si tot anés bé i fos normal. Però no venia a veure'm. Només trucava, parlava de feina i fins l'endemà. Saps quan em va venir a veure i em va preguntar com estava? Dos dies abans de sortir. Al principi no ho vaig entendre. Després sí. Era la seva forma de dir-me que no m'amoïnés, que comptava amb mi. De fet, la seva forma de dir-me que es preocupava per mi...*

PER MOLTS ANYS!

Si has aconseguit conèixer-me, has de saber què vaig demanar íntimament quan vaig bufar l'espelma del meu aniversari, al bell mig de milers de persones, a l'acte central de la Vall d'Hebron... Suor freda per no quedar malament. Qualsevol resposta serà una mala resposta, tot i que el parany de la pregunta ja dóna pistes... La conversa és la darrera d'aquest llibre, i es produeix al seu despatx del Parlament, ampli i alhora sobri. Dia de ple. En algun moment, ha tret el cap Felip Puig i ha dit, *ui, perill!* I adreçant-se a *Ell..., Saps que la Pilar diu que sóc un Rottweiler?* L'incomoda? Més aviat sembla fruir de la seva imatge d'home dur. Resposta ràpida, *potser t'agradaria més que et comparés amb un pequinès... Si us plau! No, res de gossos!*, i se'n va amb un generós somriure. Balla la pregunta al cervell de la interpel·lada. Acaba de marcar un gol, i ho sap. Què va demanar a l'acte de la Vall d'Hebron, el dia del seu aniversari, quan li varen treure el pastís? La resposta és de manual: *No vares demanar res polític. O alguna cosa per a Catalunya, alguna cosa èpica, d'aquelles que se somien, o alguna cosa per a la família.* Era per a la família. Aquell dia, una de les germanes estava ingressada a l'hospital i, segons diu, i probablement segons va ser, va pensar en ella. I afegeix, *hauria conculcat un principi bàsic de conducta si hagués demanat per allò que m'he de guanyar. Mira, la presidència me l'he de guanyar. Si he de demanar alguna cosa, ha de ser per allò que jo no puc aconseguir, com la salut de la meva germana. Per la política, mai no demano res. Ni mai no he resat.* I aleshores formula la seva declaració de principis:

> *Essent molt, molt important, per a mi la política no és el més important.*

Però el dia 31 de gener de 2010, la política regna en la seva vida i en els seus desitjos. L'immens pavelló és encara buit, i els pocs que hi són presents semblen com petites peces de l'engranatge. Corren, es mouen, assenyalen, assagen. Tot ha d'estar a punt. Es preveuen milers de persones i els seus xiuxiuegen que molta gent es quedarà a fora. Res a veure amb altres vegades, que han hagut d'esforçar-se a mobilitzar els simpatitzants. Avui és un dia pletòric. Tothom hi vol ser. Tothom vol venir. David Madí corre per l'escenari i li diu què ha de fer al moment del pastís. Han previst una imatge virtual que el felicita. Problemes amb el perfil. *Cap a on he de mirar?* Opinions diverses. Després s'allunya per tancar-se en algun lloc i repassar el discurs. S'apropa Lluís Corominas a la dona que tot ho mira. *Pilar, veus aquell espai del darrere? El 2003 el vàrem tapar perquè no hi havia prou gent i avui estarà ple.* David Madí l'escolta, *i tant!, avui morirem d'èxit*, i un líder del Baix Camp que s'apropa, ho rebla, *per omplir l'autocar no he hagut de fer cap trucada.* Petita discussió amb el David. Ha ficat la pota amb Josep Cuní, *as usual* en ell, i la conversa gira sobre els polítics, els periodistes i els límits de cadascú. En David en pren nota... Quan la dona del bloc i la mirada inicia la ruta cap a la cambra, al darrere de l'escenari, on *Ell* s'ha tancat, una senyora molt ben posada l'atura. *Hola Pilar. Yo también he venido. Pero no voy a votar a Artur Mas. Porque he venido a mirar, y he visto moros, y si hay moros, yo no vengo. Votaré a Anglada.* Els *moros* són uns xicots dels grups de treball d'Àngel Colom, i la senyora en qüestió sembla terrible. Recorda aquelles dones ben guarnides i molt franceses, amb marylins a la faldilla que anaven a escoltar en Le Pen. Sortosament per a *Ell*, ha vingut a veure i, abans de sentir-lo, ja no li agrada... Quan l'anècdota la conegui Jordi Pujol dirà *ai, ai!*

El buit insolent d'una cambra amb miralls. Està sol i s'amunteguen els papers damunt la taula. La sala és gran i els miralls augmenten la seva solitud. Ningú no gosa obrir la porta. Comencen a arribar els noms propis previsibles. Algú trenca el foc, i tots entren en tromba. Pere Macias, Jordi Casas, Josep Sànchez Llibre, Xavier Trias... Marta Ferrusola diu, *la bessona,* quan veu qui els observa, i el marit de la Marta afegeix, *la parelleta.* Ho sent i matisa, *però no la parella lingüística...* Està nerviós? *No, no estic nerviós.* Està capficat, concentrat en el que ha de dir. En veure'l, l'anècdota que explicarà en Duran i Lleida del Floridita, a l'Havana, pren forma. Enrenou de converses, llocs comuns, moviment de gent, i *Ell* assegut, repassant els papers...

Bones perspectives, sent en Pujol que li comenta la dona del bloc de notes. *No se sap mai...* I aleshores s'apropa al candidat, *mira, Artur, he escrit el meu discurs. Ja saps que no m'agrada escriure'ls, però no vull sortir del guió. M'ho he escrit perquè no em passi allò del 'tites, tites'... Vols mirarte'l, a veure què et sembla?...*

El *tites, tites...*, el famós discurs que va pronunciar Jordi Pujol en aquest mateix lloc, un diumenge 20 de gener de 2002, i que va esborrar completament el protagonisme del candidat. *El principal problema d'Artur Mas era Jordi Pujol, que al 2002 ho era tot. Recorda el 'tites, tites'... Ara ja no, perquè en Pujol s'ha mogut.* Ho diu Lluís Corominas, mentre rememora l'enorme maldecap que va significar aquell discurs del president. El propi Molt Honorable ho explica, amb indissimulat sentiment de culpa. *Fixa't que els vaig reunir dissabte a la tarda, en Duran, en Mas i jo. I vaig ser jo qui va dir, 'escolta, Duran, tu i jo, només deu minuts de rellotge, que el protagonista és en Mas'. I en Duran va complir. I jo, pujo i, com que estava calent amb l'Aznar, que no parava, i em temptava... Jo que pujo, i em trobo 4.000 tios que esperen que tronis, i cony, què s'ha cregut l'Aznar, i apa, menjadora i tites, tites. Vaig aixafar completament la presentació d'en Mas.*

Ens volen fer anar com conillets, tites, tites!
Però qui s'han cregut que som, nosaltres!
Nosaltres no estem en política per la menjadora...

Aquell dia *Ell* havia acabat el seu discurs dient, *la gent també vol flors per a l'ànima.* Però a l'atmosfera, i al record de la gent, i als diaris, i a les televisions i a les ràdios, no hi va haver flors, sinó tites i conills...

Avui Jordi Pujol ho porta escrit. I quan llegeix el seu discurs, a la tribuna, no surt del guió. Amb una gran disciplina, no exempta de dificultats, va autoimposant-se la lectura, per molt que gesticula, s'atura, es mou, fa vibrar, però no fa cap estridència. Res no evitarà, doncs, que *Ell*, Artur Mas i Gavarró sigui avui el protagonista. Abans, però, i just després d'en Pujol, en Duran i Lleida fa un discurs potent, brillant i frontal contra el tripartit. *La feina bruta...*

I el candidat puja a l'estrada. *Sento la mateixa il·lusió del primer dia, però tinc l'estómac més resistent.* I en línia amb el que va dir a Sant Benet, parla de l'esperit català, tocat, però no enfonsat. *En aquests vuit anys he tingut centenars d'experiències, on he vist, sense intermediaris, l'espurna de la il·lusió de molta gent.* Parla de crisi econòmica i de remuntada, d'esperances i de realitats, de moral de victòria i d'esperit de servei. *Albert Einstein va dir, 'la posició més elevada a la qual pot arribar una persona, el destí més elevat, no és governar, sinó servir. No és manar, sinó servir'. Si ho oblido, estireu-me les orelles i planteu-me cara.* I quan parla de les bones expectatives, avisa: *Guardeu-vos de les enquestes. Coneixeu la faula del gos i el bistec?* I l'explica:

> *Un gos porta un bistec enganxat a les dents i ha de travessar un riu. Sota l'aigua, el bistec és a cada minut més gran, cada vegada més enorme. No se'n pot estar i al final obre la boca per menjar-se'l. Però el que mossega és el mirall de l'aigua.*

Conclusió, sense bistec, es va quedar com un gos desconcertat. Com *Ell*, vuit anys abans? *Haurem de tenir les dents ben apretades. A més, en aquest riu hi ha molts cocodrils que ens volen mossegar...*

I diu:

> *L'èxit és 10 % inspiració i 90 % transpiració.*

I acaba. *Si Catalunya suma, Catalunya pot. Al servei d'aquesta Catalunya, farem el millor govern i el millor projecte.* Una estona abans haurà dit: *Faré el govern de la millor gent, la més preparada, la més sòlida. Aniré a buscar els millors, encara que no siguin de CiU...* Aquesta serà la idea que triomfarà als titulars del dia següent i la mateixa que, a hores d'ara, encara preocupa la seva pròpia gent. *Alguns ens quedarem sense premi...*

La millor gent implica també en Duran i Lleida?

Després del míting, celebració de l'aniversari a casa. El fill de 18 anys ha fet el dinar. I després, visita la germana, que és a l'hospital. La seva vida...

DE COMERCIANTS I DE GALLECS

Quin model planteja CDC per sortir de la crisi? L'hi pregunta el sociòleg Josep Maria Cortés i Martí, en el petit comitè de la taula presidencial, on dina amb l'associació de comerciants i industrials de Santa Coloma de Gramenet. I continua: *Perquè amb això de la il·lusió no n'hi ha prou.* I continua, amb aires de «tinc un polític davant, i no en sortirà viu»: *Qui no escolta és la patronal. Ara les empreses fan tripijocs, amb l'excusa de la crisi, per poder acomiadar als 22 dies i no als 40.* El seu terreny! I des d'aquesta seguretat de trepitjar terra coneguda, enfila una llarga i sòlida resposta que inclou les seves idees de reforma del mercat laboral. *L'altre dia ho deia a la Pompeu Fabra. Saps que el 55 % dels contractes joves són temporals?* I la conversa camina per les dreceres conegudes de la concepció liberal de l'economia. *Liberal i socialdemòcrata.* Liberal i socialdemòcrata. Parla d'Aritex, la important empresa ubicada a Badalona que centra la seva activitat en el sector aeronàutic. L'ha visitada al matí, i encara se sent impressionat pel dinamisme d'una empresa que, fa poc temps, estava a les portes de tancar. Respira l'emoció de sempre, quan dóna bones notícies empresarials. En algun moment aterra en el tripartit: *Ja m'han preguntat a Badalona per les baralles del tripartit. No m'ho pregunteu. L'únic que m'interessa és si l'u de juliol aquesta gent pujarà l'IVA. Faré una proposició per evitar-ho.* I en privat: *El tripartit està amortitzat. No hi creu ningú. No cal dedicar-hi temps...* L'estratègia de la campanya positiva, que ha anat demanant i exhibint arreu, deixa afamats els estómacs de molts, àvids de crítiques frontals, però sembla que deixa satisfets els cervells de la majoria. I, sobretot, despista la campanya dels adversaris...

S'obre el foc a la sala. El líder de Convergència i Unió respondrà les preguntes. *Us pot agradar més o menys, però és un paio que en sap,* afirma Carles Combarrós, el president local de CDC a Santa Coloma. És un jove decidit, molt de la textura de la nova gent que *Ell* ha anat promocionant al partit: professional competent, aire modern, bones maneres, magnífica posada en escena... En una altra època algú l'hauria definit com un *yuppie,* pel seu estil directe, el seu anglès, el seu envejable currículum professional, aconseguit abans dels trenta. Però no ha bastit el seu èxit professional en cap mercat de borsa, sinó estudiant, i treballant a totes hores en una empresa d'esports *—els dissabtes em pagaven millor, sobretot si em quedava a fer balanç—,* on ha anat escalant posicions. Ara és directiu a Polar Electro Ibérica S.A., dedicada a la comercialització internacional de productes esportius. *La gent jove ha de comptar per tirar el país endavant?* Aquesta se la sap... I aleshores enfila una d'aquelles reflexions que li agraden, on barreja pedagogia i informació, reflexió i dades, la prosa de l'economia i la lírica de l'esforç. *Sabeu què em va dir un pagès? 'El problema d'aquest país és que alguns fan les setmanes molt curtes i els dissabtes molt llargs'.* Les preguntes se succeeixen i totes van al cor de la crisi. *Es compromet a reduir el nombre de funcionaris que hi ha a l'administració. Són competidors de l'empresa petita.* Encantat que li facin la pregunta... *Al 2003, quan vàrem deixar el Govern, teníem 140.000 funcionaris, comptant-ho tot, mestres, mossos, infermeres, bombers... En proporció, estàvem per sota de la mitjana europea. Sis anys després,*

220.000 funcionaris. Un increment del 50 %: més de 80.000! I la població del país ha augmentat un 15 %. Això és un desastre per a Catalunya, perquè Catalunya l'ha feta la gent. Altres països, els han fet els estats, o el petroli o etcètera, però Catalunya l'ha feta la gent. Reducció? *No es pot treure la gent de cop. A més, tenen la plaça per sempre. Haurem de reduir per la via de no reemplaçar, si no és inevitable.*

A Europa lideren en Sarkozy, la Merkel, en Berlusconi... Aquí ens governen els derrotats a les eleccions. Què sents?, li pregunta un comerciant. Cap ànim de revenja, dirà, i enfilarà el seu discurs de l'aprenentatge en l'oposició...

A vegades, guanyant, es perd.
I perdent..., es guanya...

I assegura que agraeix haver estat a l'oposició, *ja no sóc aquell noiet que va posar en Pujol a dit.* Que guanyaran, *i guanyarem bé. També era important que la gent veiés l'alternativa. Després de 23 anys, la gent havia de veure com governava l'alternativa. Ara ja ho ha vist...* I crisi, i més crisi i més crisi. *Aquesta pobra gent que estem aquí*, diu un petit empresari que explica el seu dramàtic viacrucis, *no ens hem renovat el trajo per venir a aquests actes. Artur, estem molt fotuts...* Mercè Rodoreda, molts anys abans, va tenir la gosadia de titular una de les seves magnífiques novel·les amb un adverbi. Era l'adverbi! I era l'adverbi d'aquell títol i d'aquella novel·la! Tota una història de sang, dolor i derrota resumida en un adverbi: *Quanta, quanta guerra!* A la sala del restaurant Ca N'Armengol, plena de petits comerciants que fugen de la retòrica i demanen solucions precises, mentre encadenen històries de dificultats, acomiadaments i por, l'adverbi també seria el millor dels substantius. Quanta, quanta crisi!, podria titular algú, en escoltar-los... *Cal un govern que tingui mentalitat d'empresa productiva*, dirà sabent-se en el lloc adequat per afirmar-ho, i reblarà, *durant els anys d'en Pujol hi va haver coses que no van funcionar, cert. Però hi havia una mentalitat d'ajuda a l'empresa, perquè en Pujol era així.* I aleshores, com haurà fet arreu on haurà parlat de la crisi, recordarà els anys a l'empresa privada. *Sé què vol dir el compte de resultats, conèixer el cognom d'un treballador, sé què significa lluitar pels beneficis...* Gaudeix. És el seu territori, domina els números, respon amb agilitat als reptes, té un model que creu eficaç, ha estat en tots els taulells, l'empresarial i l'executiu, i sap que el públic el reconeix com un dels seus. És un acte fet a mida, per molt que ningú no l'hagi dissenyat a mida. Quan surt l'impost de successions, el triomf és definitiu. *Castiguen als que han fet un raconet.* I *Ell* posa damunt la taula la promesa que ha anat repetint a tots aquells que li han preguntat. És a dir, la promesa que ha repetit a tothom, perquè si alguna pregunta és estrella d'aquests mesos de seguiment, és, sens dubte, la pregunta sobre l'impost de successions.

Però Dharam Paul Singh, propietari del restaurant hindú Kohinoor de Santa Coloma, canvia el sentit del vent. *Es pot dur turbant i ser català?*, pregunta en un magnífic llemosí. I explica que a les comissaries i als aeroports li fan treure el turbant, i això ofèn molt els sikhs. *Catalunya és un delta, perquè hi ha sorres de tot arreu*, respon *Ell.* I aleshores fa l'apologia de la Catalunya d'al·luvió, marca de la història del país. Però quan aterra en els temes de seguretat, es mostra decidit i clar: *No confongueu els temes de seguretat amb una qüestió de discriminació...*

Quan, a la fi de l'acte, Josep Colldeforns, el president de l'ACI (Associació de Comerciants i Industrials) faci el ritual de la llàgrima i reclami ajudes, serà taxatiu. *Vénen temps en què no hi haurà subvencions. Si abaixem impostos i vénen temps complicats, us demano que fem pedagogia i que tingueu comprensió. No hi haurà diners per a subvencions.* Dies abans, Francesc Homs haurà dit, *el pitjor és que compleix la seva paraula. I ha promès que treurà l'impost de successions, i ho farà. No sé d'on treurem els diners per governar. La caixa està buida...*

També li demanen diners els de l'associació gallega Saudade, just l'endemà. I respon el mateix: *No n'hi haurà, quan arribem a la caixa...*

És dissabte. Vesteix de pana, amb colors càlids. Li queda bé. La sala és plena a vessar, i *Ell* encara no sap que està a punt de protagonitzar un improvisat *Tengo una pregunta para usted* al barri d'Horta i en versió gallega.

De moment, el reben de manera molt satisfactòria, en el petit comitè de l'equip directiu. *Les entitats estaríem millor amb en Mas al Govern*, assegura el veterà president de Saudade, Ernesto Lagarón. I continua: *Ni ens atenen, ni ens ajuden, i només ens posen* cortapisas. Ni la Generalitat, ni l'ajuntament? *Ni la Generalitat, ni l'ajuntament. No et preocupis,* respon *Ell, nosaltres farem el doblet.* A la dreta del pare, hi ha Josep Lluís Cleries. Mai no falla en els actes socials. Quan, a la sala general, el president saluda en gallec als assistents, diu que són davant d'un dels caps més ben 'moblats' de la política catalana, i que, tal com estan els polítics, *es el mellor. Ell* assegura que no ha anat mai en campanya a veure'ls, que l'interessa més el col·loqui amb la gent que no el que pugui dir, *em tinc molt sentit*, i explica que ve de Valls, d'estar amb un miler de persones, que es passa el dia veient persones, entitats socials, empreses, associacions..., que està en fase de recollir idees i també crítiques i que, tot i que té la temptació de *carregar-me el tripartit, no ho faré.* I continua, *fa mesos que vam concloure que, a còpia d'anar uns contra els altres, farem un gran circ mediàtic, ens ho passarem molt bé, però no servirà de res. La paraula no és crítica. La paraula és IL·LUSIÓ.* I parla una estona més, relaxat, més desinhibit que a l'acte de la Peña del Dominó, quan va anar a menjar *migas.* Sona un mòbil, i diu *en Lagarón ja ha posat l'alarma, però fins que no soni tres vegades, no pararé.* Sorprenentment, tres mòbils sonaran a la sala, i el darrer ho farà al final de l'acte...

Està molt tranquil. Fins i tot se li endevina aquell sentit de l'humor que va prometre que es veuria, i que encara brilla força per la seva absència. Generalment està capficat en els actes, les feines, la gent..., el seu capteniment com a futur president. No s'estudia, però es té estudiat, i generalment es mou força enravenat. En exposició permanent. Però a Saudade es troba molt més relaxat del que és costum, com si no tingués res a perdre. És el dia que es mostrarà més divertit a la mirada, més desinhibit. Tot i això, aquest és un estadi que, de natural, li costa. *Per això li serveix en Vilajoana. El treu de l'abstracció permanent...*

Crisi econòmica, joves i atur, anècdotes explicades en altres indrets, teixit associatiu... En un moment determinat, assenyala la intrusa que el segueix: *Heu vist que ha vingut la Pilar Rahola? És la meva parella de fet. Ja hi estic acostumat, a això de tenir parelles. Sóc parella de fet d'en Duran des de fa molts...* Curioses parelles de fet, les seves...

En el teixit associatiu, s'atura una estona. *Des de fa dos anys, cada quatre mesos, ens reunim amb quinze o vint entitats que fan molta feina en serveis socials. Posa els pèls de punta, el que t'expliquen. El Banc dels Aliments, per exemple, té el doble de feina que un any enrere. Tenen la mateixa gent de sempre, però a més, ara, tenen parelles joves, tots dos sense feina, que utilitzen el subsidi per pagar el lloguer, l'aigua, etcètera, i que no en tenen per menjar. Cada quinze dies van al Banc dels Aliments, i allà garanteixen la subsistència. Tots estan així, el Banc, Càrites, Creu Roja...* I la conversa derivarà cap al Projecte Home, que ha visitat dies abans a Montcada, i cap a la resta d'associacions de tota mena que treballen en l'àmbit social. *L'ànima d'un país és aquesta. La qualitat d'un país no es mesura només pels quilòmetres de carreteres, sinó per la seva ànima social, per la seva capacitat de reaccionar amb els més febles.*

L'ànima d'un país... L'ànima de la sala està remoguda. Hi ha ganes de sang. O, si més no, hi ha ganes d'emular el programa de TVE i passar a la petita història de cadascú, bo i incomodant un polític. Obre el foc el Manolo, i li etziba una atzagaiada sobre la lluita de classes, mereixedora d'estar a l'alçada d'*El Capital* de Marx. És aquí on verbalitza una fórmula que resulta molt ben trobada. *Yo hablo de empresas, no de empresarios*, contesta en castellà. *Y una empresa es un lugar donde confluyen empresarios y trabajadores...* Per rematar,

La empresa es el bien a proteger.

Li pregunten per Bolonya, pel clàssic de l'impost de successions, per la deslocalització d'empreses, per la conciliació laboral i familiar, per l'augment dels impostos, per la nova llei d'educació, pel pla de multes de l'ajuntament... Però el primer dels dos enrenous de la sala es produeix quan esclata el tema de la immigració. *Derechos y deberes de los inmigrantes, porque hay que ver lo que pasa en España, que los inmigrantes tienen más derechos que los españoles.* La pregunta de la María motiva un aplaudiment general, i la resposta d'*Ell*, tal vegada perquè diu coses raonables, no deixa el personal tranquil. Aquest tema crema a la sala, com crema als menjadors de les cases. *Un immigrant no ha de tenir més drets, clar que no. N'ha de tenir alguns menys, per exemple, el de votar, si no té la nacionalitat. Aquí i arreu. Però drets sanitaris, educatius, igual que tothom. És una persona. Los chinos no pagan impuestos,* crida algú, i tothom ho certifica. *Tienen más ayudas que nadie*, esclata algú altre, i, tots a una, són Fuenteovejuna amb el discurs antiimmigració. Xenofòbia a la sala d'actes del local de Saudade, en el ple barri d'Horta? No. Simplement, crisi econòmica, recursos públics limitats, mala gestió de la llei d'estrangeria i... por..., molta por. Allò que l'historiador Josep Termes n'havia dit *immigració contra pobresa.* Terreny abonat per als Anglades que pul·lulen pels descosits dels barris populars. *Ell* fa el discurs correcte, no es mou del guió, inapel·lable, però no acaba de convèncer. Altrament, busquen arguments els que l'apel·len? O cerquen aliment per a les baixes passions? Com sempre, i també aquí, la mala gestió pública de la immigració congria un pòsit de ràbia i intolerància que pot arribar a ser, potencialment, molt perillós. El políticament correcte de molts líders polítics i socials, que han practicat un *bonisme* ingenu i ineficaç, ha abandonat molta gent a la seva sort de pèrdua d'ajudes socials, conflictes interètnics i, fins i tot, convivència impossible amb líders religiosos radicals. Probablement, les Maries que avui l'interpel·len han votat històricament un partit d'esquerres. I són aquestes mateixes Maries les que, sense solució de continuïtat, i talment va passar a França, poden passar-se a les files dels Anglada de torn. No vénen temps fàcils...

Algú el renya pel sou dels polítics, i treu la seva arma per a l'ocasió: *Abaixaré el sou del govern, un 10 %*. En diu pedagogia, tot i que alguna nota demagògica dissona a la partitura. *Dit això, els polítics no estan ben pagats.* I afegeix: *Però hi ha una cosa més important que estar ben pagat. I és que el president d'un país ha de fer pedagogia, i, si cal, fer un esforç col·lectiu, el primer en donar exemple ha de ser el president.*

El notari. Taxatiu: *No. No aniré al notari.*

Dèria d'en Saura: el 80 per hora. *El treurem.*

I torna la sang a l'escena. És la darrera pregunta i la formula la María José, amb un to reptador, frontal i radical. *¿Qué opina de la dictadura nazi del catalán? ¿Le parece bien que multen a pobres comerciantes por no rotular en catalán?* I és aquí on probablement se'n surt millor, sense convèncer-la. Contesta en l'idioma de la dita dictadura, el vell català. *Vostè segur que no em votarà després del que li diré.* I enfila una defensa educada, però contundent, clara i alhora inequívoca, i, sense pal·liatius, compromesa: *Catalunya té un idioma propi, el català. El castellà és l'idioma de molts catalans. Però el català és l'idioma propi del país. I això s'ha d'entendre i acceptar. Les coses que s'han de comunicar, s'han de fer en català. La retolació s'ha de fer, com a mínim, en català. No el nom de l'establiment, però sí la informació al consumidor.* I remata,

> *1.000 anys d'història. 850 anys de català.*
> *Tenim el dret i la responsabilitat de preservar aquesta herència.*
> *El català no és l'idioma fort. És l'idioma feble.*

Sona la tercera alarma de l'acte, en forma de mòbil impertinent. Se'n va ràpid. Ha quedat amb l'Helena per anar a veure *Invictus*. *Invictus!* Justament *Invictus!* A vegades és molt previsible...

Aquest és el darrer acte amb companyia forània. Encara queden converses pendents, i algunes lectures per fer. I encara queda, sobretot, tancar el cercle amb *Ell*. *Ets feliç?*, caldrà preguntar-li. I l'home de la màscara vacil·larà i, finalment, respondrà. Durant aquests intensos mesos ha respost sempre i sempre ho ha posat fàcil. Ha obert les portes de la seva vida de bat a bat, i ha permès la mirada intrusa. Ha parlat d'*Ell*, de les seves pors, de les seves emocions, dels seus anhels, d'allò que el motiva i d'allò que l'enrabia. Diuen els que el coneixen que això és una novetat. *Potser ara em deixo anar una mica més, perquè em sento menys vulnerable... Certament, m'he obert molt, amb tu, potser com mai.*

Hi ha ajudat molt que fossis dona...

L'embolic de l'Estatut...

Quan conegui el relat que ha fet en Duran i Lleida d'aquells dies de reunions amb en Zapatero per pactar l'Estatut, dirà, *dijous reunió amb en Rubalcaba, en Duran, en Zapatero i jo? Potser sí que tenien la idea de veure's el dijous, però el relat és molt més complicat.* I així comença una minuciosa crònica d'aquells dies que van culminar en un pacte històric, una foto maleïda, un esdeveniment polític de primer ordre, una greu polèmica i un profund desencís. *Ell* i en Zapatero. La seva crònica d'aquells dies:

A. M. *Teníem comitè executiu de CiU el divendres, 20 de gener, i així havíem quedat, que prendríem una decisió el divendres, i després ens reuniríem amb en Zapatero. En Duran feia temps que es reunia amb Rubalcaba, i alguns temes estaven complicats. Per exemple, no hi havia acord amb el bloc del finançament.*

P. R. *Tu parlaves amb en Zapatero?*

A. M. *Jo? El 21 de gener no era la primera vegada que em reunia amb en Zapatero. Era la cinquena vegada que em veia amb ell! En sis mesos ens havíem vist cinc vegades i ens havíem fet una cinquantena de trucades. I no se n'havia assa-*

bentat gairebé ningú! I, en alguns casos, ningú! Reconeixeràs que és tot un mèrit, perquè és difícil amagar uns contactes com aquests...

P. R. *Encara us truqueu tant?*

A. M. *Fa dos anys que no ens parlem. Ja ens ho vam dir tot, educadament, però tot, tot. Ara ja m'és ben igual, parlar amb ell. Bé, doncs el que et deia. Divendres teníem comitè executiu. No teníem tancat ni el tema de la nació ni el del finançament. Segons deia en Duran, hi havia un acord del PSOE sobre la qüestió dels aeroports, que estava tancat. La resta no anava malament. Fem, doncs, la reunió de l'executiu i ens faculten a en Duran i a mi per fer les darreres converses. Especialment, se'm faculta a mi, que hauré de protagonitzar les darreres negociacions. Aquesta era la idea. En Duran continuava les reunions amb en Rubalcaba, i jo ho rematava amb en Zapatero.*

P. R. *Amb l'acord de l'executiu, te'n vas a La Moncloa...*

A. M. *Va així. El divendres a la tarda, després de l'executiu, truco a La Moncloa. En Zapatero em diu: 'Mañana por la mañana tengo comité federal del PSOE'. Era el dia que tenia un ultimàtum sobre l'Estatut, perquè el PSOE estava molt esgotat.*

P. R. *La campanya del PP...*

A. M. *Sí..., la campanya del PP... I en Zapatero em diu, 'yo lo saco adelante el sábado. Así que mañana nos tendríamos que ver'. Li ofereixo de veure'ns la tarda de dissabte i li dic que aniré en cotxe a Madrid perquè ningú no en sàpiga res. Queda clar que jo no volia donar-hi publicitat. Com pots imaginar-te, en el moment que em diu això, jo no li dic a ningú. A ningú. Només ho sabien en Quico i en David, perquè em van ajudar a planificar els serrells de la reunió. Teníem dos grans temes damunt la taula no resolts!*

P. R. *I en David ho xerra a l'Antich...*

A. M. *Jo no dono permís per parlar amb cap periodista. No ho sé. No crec que parlés amb ell fins després de la nota d'en Zapatero a Efe. No ho sé. Però mira, la prova: les quatre vegades anteriors que m'havia vist amb en Zapatero, qui ho va saber? A priori, ningú. Ningú vol dir ningú.*

P. R. *I te'n vas a la Moncloa...*

A. M. *Sí, me n'hi vaig. Aquella reunió no era per tenir protagonisme públic. Era molt més important que això. Havíem d'acordar els termes de l'Estatut! Saps la primera frase que li vaig dir a en Zapatero? 'Yo vengo preparado para decir que sí, o para decir que no'.*

P. R. *Segur?*

A. M. *Completament. Li podia dir que sí i li podia dir que no. I ell em va respondre, 'Artur, va a ser que sí. Y, además, lo voy a anunciar hoy mismo a la prensa, porque nos conviene a ti y a mí'. 'Ya veremos', li vaig respondre.*

P. R. *I vau començar la reunió interminable...*

A. M. *I vam començar la reunió interminable. Set hores negociant! De les cinc de la tarda fins a les dotze de la nit. I no em va oferir res per sopar!*

P. R. *Ni sopar?*

A. M. *Res. Unes olives per picar. Va ser quan es va dir que havíem fumat tant. Fixa't que en aquella època fumava molt poc, dues o tres cigarretes al dia. Des de fa cinc mesos, res de res. Però aquell dia...*

P. R. *Aquell dia paquets...*

A. M. *Va ser una reunió complicadíssima. Vam escriure de puny i lletra la definició de nació. Quan parlàvem de l'Agència Tributària, em deia 'Artur, no estoy preparado para negociar algo tan complejo'. Al cap de dues hores de parlar de l'Agència Tributària, en Zapatero estava esgotat. No sabia ni de què li parlava. Necessitava els seus assessors per entendre-ho...*

P. R. *Set hores i no vau sortir, a banda de les visites a can Roca?*

A. M. *En Zapatero feia algunes trucades i alguna vegada sortia. Jo només vaig trucar a l'Helena per dir-li que la reunió s'allargava. Quan valoro que, finalment, tot allò té gruix, dono l'ok. I és aleshores quan començo la segona part. 'Ahora hay que hablar de las reglas del juego'. Era evident, Pilar. El que no podia fer, de cap manera, era acceptar un pacte d'aquella magnitud, un pacte tan important, deixant-hi la pell, i fer-ho amb els socialistes. I després, permetre que les regles del joc fossin les mateixes. Li vaig plantejar directament. 'Las reglas de juego tienen que cambiar en Cataluña. Es la segunda parte del pacto. Tenemos que comprometernos a que gobernará quien gane las elecciones'. '¿Me lo dices contando en diputados, o contando en votos?', em respon. 'Si no recuerdo mal, los parlamentos se rigen por el número de diputados', li dic. I ell contesta, 'de acuerdo, pero haré lo posible para que ganen los míos'.*

P. R. *Els seus eren...*

A. M. *Bona pregunta. Mira, el juliol del 2005, fixa't en la data, juliol de 2005!, en una de les reunions, em diu, 'ten en cuenta que Pasqual no va a volver a ser nuestro candidato'. '¿Cómo lo garantizas?', li pregunto. I em respon, 'tú ten en cuenta esto'. El desembre del 2005 li dic, '¿algún día me dirás quién será vuestro candidato?' I em diu, 'será Pepe Montilla'. '¿Pepe?' 'Sí, Pepe, porque es uno de los nuestros. Pero me va a costar convencerlo, porque él no quiere'. Així vam quedar, Pilar. Vam negociar la norma, l'Estatut. I vam negociar unes regles del joc que Zapatero va beneir amb la seva paraula. A les dotze de la nit, la reunió s'acaba. I aleshores entra Rubalcaba a La Moncloa just quan ens estem acomiadant.*

P. R. *I Montilla no va complir...*

A. M. *Abans del referèndum, vaig a veure en Montilla. 'Escolta, Pepe, ja deus saber que hi ha un acord sobre les regles del joc. Que governarà qui guanyi en nombre de diputats...' 'Ja ho veurem', em respon. I replico, 'però suposo que coneixes les regles del joc que hem pactat amb en Zapatero: qui guanya, governa'. I en Montilla em diu, 'a mi, això, no m'afecta. T'has equivocat de lloc on negociar-ho'. Imagina! En Zapatero em deia que, al PSC, el representava ell. En Montilla era ministre del seu gabinet. I és en Zapatero qui em diu: 'Será Montilla'. Aleshores, on cal negociar les regles del joc? A més, en Zapatero em dóna garanties: pactem un Estatut i unes regles del joc. Jo sóc d'un partit que està a l'oposició a Catalunya i que s'avé a negociar directament amb en Zapatero, perquè així ho vol, i s'avé a pactar un Estatut. Se suposa que si les regles del joc formen part del pacte, no s'han de trencar.*

P. R. *Però es trenquen...*

A. M. *Per dinàmiques internes, i per l'ambició d'en Montilla, la cosa va anar així. Aquell dia, després de veure en Montilla, vaig a veure en David i li dic, 'fem una campanya tripartit o nosaltres, perquè aquests tios faran el pacte del segon tripartit'. I tant que el van fer!*

P. R. *Campanya dura..., el DVD...*

A. M. *Sí, però la vàrem liderar. I vàrem guanyar!*

P. R. *Com s'acaba la reunió amb Zapatero?*

A. M. *Set hores d'acord i s'acaba. La meva dona és a l'Hotel Gaudí, esperant-me. Li havia dit que sopariem junts... Intento trucar a en Duran, per explicar-l'hi, però no m'agafa el mòbil. Així doncs, en Zapatero i jo tanquem un acord, i ell convoca immediatament, a les 12 de la nit!, el seu cap de premsa per fer una nota per a Efe. La meva intenció no era aquesta. La meva intenció era convocar l'executiu de CiU i seguir l'operatiu d'en Duran. Qui ho vol fer públic, doncs, i ho fa públic, és en Zapatero. I després, vinga criticar-me els socialistes catalans per anar a fer-me fotos, i resulta que havia estat en Zapatero qui va voler fer de pressa i corrents la nota de premsa!*

P. R. *Com acaba això d'en Duran?*

A. M. *Finalment parlem amb en Duran. No sé si truca en Zapatero o jo, tu dius que en Zapatero, segons en Duran, potser sí. La qüestió és que parlem, i la irritació d'en Duran era enorme, molt gran. Vam tenir una conversa tempestuosa. Em va costar molt tranquil·litzar-lo. Després vam sortir de La Moncloa, amb el pacte fet, i la nota de l'agència Efe escrita...*

(I en Maragall? En Maragall, aliè a pactes, estatuts i Zapateros, dormia el son dels justos. Consta que a en Maragall se'l va informar a les dotze de la nit... quan tot estava fet.)

P. R. *Però, escolta, el paper d'en Maragall va ser decisiu a Catalunya, fins al punt que l'han batejat com el president de l'Estatut.*

A. M. *Certament, sense Pasqual Maragall l'Estatut no hauria sortit del Parlament de Catalunya. Va ser ell qui va arrossegar el seu partit cap al sí, el setembre del 2005. El mateix Maragall, pocs dies després, es queixaria amb gran amargor de l'actitud obstruccionista del seu partit. Tanmateix, en el tràmit a Madrid, en Maragall ja no va pintar res.*

P. R. *I després de després...*

A. M. *La setmana següent vam oficialitzar el pacte, amb la famosa foto i tot allò. Però el que et deia, sortíem a les dotze de la nit, amb el pacte fet. Recordo que durant la negociació, en Zapatero em deia, 'déjame algo para los de ERC, que vienen mañana a comer'. Diumenge hi anaven en Carod i en Puigcercós. Imagina quina cosa tan surrealista! Nosaltres no estàvem al govern de Catalunya. Al contrari, una aliança de socialistes i Esquerra ens n'havia fet fora, malgrat guanyar les eleccions. I resulta que el líder socialista màxim em dema-*

nava que l'ajudés a tenir contenta la gent d'Esquerra! No *cal dir que li vaig dir que nosaltres no érem els seus socis, i el que no faríem és ser uns rucs. Saps? Algú que vol ser president de la Generalitat, hi ha un moment que ha d'exercir un lideratge. L'exerceixo i punt final. Procuro ser educat i contemporitzador, però hi ha moments que s'ha d'exercir el lideratge.*

P. R. *I mentrestant..., en Maragall...*

A. M. *En Maragall... Fixa't fins a quin punt havíem arribat... Prop del 6 de gener del 2006, just després de Reis, amb un PSOE desesperat, perquè la campanya contra l'Estatut era terrible, surt Pasqual Maragall, que no tenia cap paper. Res. I era el president de la Generalitat! I no tenia cap paper. Doncs en Pasqual va i em convoca a una reunió sobre l'Estatut. Érem Manuela de Madre, en Saura, en Puigcercós —en Carod no hi va anar perquè era de viatge per Israel— i jo. Saps quin era l'objectiu de la reunió? Doncs fer l'acord de l'Estatut! I nosaltres anàvem sent convocats a La Moncloa per anar fent l'acord. Surrealista! En fi. Fixem uns mínims temàtics, uns mínims que eren uns màxims, per sota dels quals no es pot acceptar el pacte. Al final de la reunió, s'hi incorpora en Castells. Quan acabem, en Maragall ens torna a convocar el diumenge d'aquella setmana. Era el dia dels Tres Tombs de Sant Andreu. Doncs bé, tenim una reunió amb en Duran al Ministeri d'Economia. Hi arribem i hi havia un bon grapat de noms propis del PSOE i del Govern, inclòs en Montilla. Jo començo dient: 'No podemos hablar de muchas cosas, porque hemos fijado unos mínimos con el president Maragall, y tenemos una próxima reunión el domingo'.*

P. R. *I què diuen?*

A. M. *Algú va dir: 'Artur, no os preocupéis, porque esta reunión de domingo no se va a hacer'. '¡Pero si la hemos hecho pública!', li vaig dir. I em va respondre: 'Dejadnos un par o tres de días, y ya verás que la reunión no se hace'. Jo aquell diumenge vaig anar als Tres Tombs de Sant Andreu.*

P. R. *És a dir, que en Maragall no hi pintava res de res.*

A. M. *Imagina la bogeria. Estàvem en un moment en què tot un president de la Generalitat no podia fer una reunió amb els líders catalans per parlar de la llei catalana, de l'Estatut, perquè el seu propi partit no el deixava. I quan dic el seu propi partit, dic en Zapatero, però també dic en Montilla. Era el propi Montilla qui no el deixava fer ni una reunió per la seva banda amb els líders catalans!*

P. R. *Quina situació tan difícil de maniobrar!*

A. M. *Certament. O tiràvem pel dret, o era un desastre, i això després de tres anys d'una enorme fatiga catalana, i amb el PP tronant per Espanya. L'aritmètica era clara: el PSOE no podia aprovar l'Estatut amb IC i amb ERC, tot i que hagués tingut la majoria. Però no s'ho podia permetre. L'estaven massacrant. I amb en Maragall tampoc no volien tancar-ho, perquè no se'n fiaven. O CiU exercia la responsabilitat i aconseguia l'acord, o no teníem Estatut.*

P. R. *I en Maragall no podia...*

A. M. *Exacte, en Maragall no podia fer ni una reunió a la Casa dels Canonges. No tenia ni aquesta potestat...*

P. R. *Consta en la història no escrita que Pasqual Maragall es va assabentar de l'acord un cop fet...*

A. M. *Efectivament, en Zapatero el va informar quan l'acord ja estava fet. No sabia ni que ens reuníem.*

P. R. *I després ve la foto, i la crítica dels socialistes i la polèmica...*

A. M. *Sí. Després em critiquen de mala manera. Vaig reunirme cinc vegades, cinc, amb en Zapatero sense ni una sola foto. És ell qui passa la informació a l'agència Efe, quan la meva intenció era no dir res. O sigui que després d'unes 50 trucades i de cinc reunions sense cap filtració, ell passa la nota de premsa i el PSC em massacra perquè m'he fet la foto i perquè he volgut canviar l'Estatut per la Presidència. És de bojos!*

P. R. *I vares creure en Zapatero, amb allò que no hi hauria tripartit?*

A. M. *Aquest va ser l'acord! No que no hi hauria tripartit, sinó que governaria qui tingués més diputats. Eres les regles del joc, després d'un gran acord amb un partit que estava a l'oposició. Fixa't si anava de veritat que, en plena campanya electoral, sortint d'un míting, una nit, em va venir a veure un emissari de La Moncloa. No em facis dir qui. Però era un emissari de La Moncloa... I em va venir per dir-me, textual, 'allò que no hi haurà tripartit, va a missa'. En plena campanya electoral!*

P. R. *Quina enredada d'en Zapatero! O potser no ho va poder impedir... Diuen que això és el que diu en Zapatero... Hi devia haver una bona baralla, entre el PSC i el PSOE.*

A. M. *Ja és trist constatar-ho. Mira. El PSC és incapaç de barallar-se amb el PSOE pels aeroports, o per l'Agència Tri-*

butària, o pel finançament. Però quan es tracta de cadires..., aleshores es treuen la pell. Per la cadira sí que existeix autonomia catalana... Per a la resta, disciplina de partit...

Mesos abans de la conversa, on explica tot el detall de les reunions de l'Estatut, haurà parlat, en un acte tancat organitzat per Àngel Castiñeira, sota el títol de *Moments de lideratge*, del que significa la traïció en l'exercici del lideratge. *Vaig viure una altra cara del lideratge, la de les crítiques dures, la crítica del traïdor. El pacte a Madrid, que sempre comporta concessions, comporta l'afegit del traïdor. I això és molt dur.* No *és allò que a vegades sents, dos metres darrere teu, de 'fill de puta'* o *'cabró', o el que sigui. No. És molt pitjor. Et diuen 'traïdor!', que has traït el país. Això m'ho vaig sentir dir molt, després del pacte de l'Estatut, i va ser molt difícil de viure-ho. Em va donar fortalesa recordar el president Macià, a qui quan va pactar l'Estatut, al 32, li va passar el mateix. I jo no era president, i ell sí que n'era. I en Macià va ser titllat de traïdor!* I més endavant, en el mateix acte, parlarà, sense anomenar-lo, d'en Zapatero. *I parlant de traïció, vaig viure l'altra cara de la traïció. Quan una persona s'arrisca, s'arrisca de veritat, ha d'estar disposada que se l'enganyi. No en el sentit de ser ingenu, no. Però hi ha un moment que això pot passar. Perquè, al final, t'has de refiar d'una persona, i a determinats nivells no es poden escriure determinades coses, només es poden dir. Cal que sigui gent honesta, de qui es pugui confiar en la paraula donada. I jo vaig ser enganyat...*

Allò de... *vull mirar-li als ulls...*

Fins aquí el seu propi relat de les reunions i les converses que varen marcar la gènesi de l'acord de l'Estatut. L'explicació que en fa és precisa i minuciosa, per molt que és la seva versió, i que és probable que l'altra banda l'expliqui amb matisos divergents. De la *seva* versió, però, que relata amb indissimulada indignació —i, tal vegada, dolor—, se n'extreuen algunes conclusions evidents: que en Zapatero i en Montilla *van fer el llit* a en Maragall i no li varen permetre cap capacitat de maniobra; que l'acord implicava, també, un acord sobre les regles del joc en les eleccions catalanes; que en Zapatero no va poder, o no va voler, o totes dues coses, però va incomplir aquest acord; i que, si aquesta fou la gènesi, el PSC va gaudir d'una magnífica mala memòria a l'instant mateix que va necessitar donar la volta als fets. I d'aquest món a l'inrevés, la CiU que havia pactat amb el PSOE l'Estatut va esdevenir la CiU que volia aprofitar-se de l'Estatut per governar. Ningú no recordava ja que havia estat el propi Montilla un dels homes del PSOE que varen marcar aquells dies i aquells fets. *De bojos,* dirà *Ell,* i, si aquesta és la versió, certament és de bojos.

Va escriure Maquiavel, al segle XV, *le principe non si curi di incorrere nella infamia di quelli vizii, sanza quali e'possa difficilmente salvare lo stato.* El príncep no ha de preocupar-se d'incórrer en la infàmia d'aquells vicis sense els quals difícilment podria salvar l'estat. Sembla molt probable que Zapatero hagi llegit, a bastament, Maquiavel...

LLEGENDES URBANES: DESÈ APUNT

No sap establir ponts de diàleg amb els adversaris.

Un darrer apunt i una darrera llegenda, aquella que assegura que és incapaç d'establir ponts de diàleg i d'arribar a acords. No calen gaires paraules per desmentir-la. L'home que va mantenir cinc reunions i cinquanta trucades amb el president del Govern de l'Estat, i va arribar a un acord marc per a la Llei Nacional Catalana, l'Estatut, estant a l'oposició, i després no va governar, malgrat haver guanyat, no sembla que sigui un home que no sap establir ponts de diàleg... Però les llegendes no es fonamenten en la realitat, sinó en la distorsió interessada que en fan els que aconsegueixen escriure la història. I aquesta història que *Ell* va ajudar a viure ha estat escrita per altres. Novament, doncs, i com en la majoria de casos, l'home que habita darrere de la màscara és del tot aliè a l'estereotip que li han creat. Dos desconeguts, a banda i banda del mirall. L'Artur Mas de la llegenda no és l'Artur Mas que ha estat observat durant aquests intensos mesos de mirada intrusa, i de l'un a l'altre hi ha l'abisme que separa la veritat de la mentida.

PARÈNTESI

Interrogat sobre la vellesa, dirà, *les úniques arrugues de veritat, les úniques que em preocupen, són les arrugues de l'ànima.*

Quantes n'ha acumulat? *Cap. Sé que és poc modest dir-ho, però cap.*

D'arrugues de l'ànima, no en tinc cap.

VAL LA PENA?

Va ser la primera pregunta íntima, en un moment inesperat de solitud, mentre els seus cercaven la porta del local on anava a menjar *migas*. Avinguda de Sant Ildefons. Sis mesos més tard, a l'edifici secular del Parlament de Catalunya, i al despatx de l'home que pot ser president de la Generalitat, la pregunta retorna, amb la mateixa nuesa.

Val la pena?

Avui es pot permetre temps per pensar la resposta. Se'l pren. *Val la pena?* La vida agitada, els atacs desaforats *—traïdor!—*, la guerra bruta dels adversaris *—madelman!—*, els atacs a la família, el neguit persistent, tota la dedicació i l'energia.... *Val la pena?* La resposta que inicia és elaborada, pausada i, en certa manera, romàntica. *Hi ha moments que sí, i hi ha moments que no... No m'ho plantejo gaire. Però deixa'm pensar-hi una mica en profunditat. Val la pena? Mira, t'ho diré...* I ho diu.

Perdo la vida en això, però donant-la... potser l'acabo guanyant.

I ho explica. *L'esforç que em suposa i les renúncies que em comporta, tot això, tinc la sensació que..., sí, amb la política, perdo la vida. Però, donant-la, en lloc de perdre-la, estic guanyant-la. Així em veig. Amb la dosi de servei que comporta. També amb la dosi lògica d'ambició, orgull i vanitat. També en tinc, si no, no hagués arribat aquí.* Poder?

> *No penso en termes de poder.*
> *Penso en poder fer coses.*

Per això hi he posat tants frens. Però no em sento com un peix a l'aigua. Ara com ara, jo hi perdo, en això. Sens dubte, és un acte de donar la vida. Però tinc la intuïció, és una intuïció, que, donant-la així, l'acabaré guanyant. Saps? Sí, és una intuïció. Ara em suposa renúncies. Però quan ho vegi, en el balanç final, segurament em semblarà que he tingut una vida guanyada, que és molt difícil, en una vida, guanyar-la tant com ho hauré fet. Balanç? Quan? Com? Quan es fa balanç de la vida? *Si arribo a fer un tall amb això de la política, un tall gran, potser sí que faré balanç. Potser tindré la sensació que ha valgut la pena.* Això el consola? *Això em consola? Ara no hi penso i, quan hi penso..., m'ho trec del damunt...*

És possible imaginar-lo fent balanç. Perquè, a diferència d'altres bèsties de la política, aquesta bèstia somia horitzons llunyans, on la política ja no sigui l'eix central de la seva vida. Després de governar, volar enllà. Ales gegants que l'empenyin per damunt dels riscos i les incerteses, talment l'albatros que Charles Baudelaire va glosar, i que *Ell* se sap de memòria i que recita, en francès, al seu despatx privat, a la intrusa que l'escolta. *M'emociona tant aquest poema...!*

> *Souvent, pour s'amuser, les hommes d'équipage*
> *Prennent des albatros, vastes oiseaux des mers,*
> *Qui suivent, indolents compagnons de voyage,*
> *Le navire glissant sur les gouffres amers.*

A peine les ont-ils déposés sur les planches,
Que ces rois de l'azur, maladroits et honteux,
Laissent piteusement leurs grandes ailes blanches
Comme des avirons traîner à côté d'eux.

Ce voyageur ailé, comme il est gauche et veule!
Lui, naguère si beau, qu'il est comique et laid!
L'un agace son bec avec un brûle-gueule,
L'autre mime, en boitant, l'infirme qui volait!

Le Poëte est semblable au prince des nuées
Qui hante la tempête et se rit de l'archer;
Exilé sur le sol au milieu des huées,
Ses ailes de géant l'empêchent de marcher.
(«L'Albatros», a *Les fleurs du mal*, Charles Baudelaire)

De tant en tant me'l recito, per recordar-lo...

El Poeta és semblant al rei de les altures
veí de la tempesta, ni dels arquers fa cas;
exiliat en terra i blanc de les censures,
ses ales de gegant van destorbant-li el pas.
(En traducció de Xavier Benguerel)

Aquest home és feliç? *Ets feliç?* I no sap contestar la pregunta. *No te la sé contestar, aquesta pregunta... El pes de la responsabilitat no em deixa gaudir com caldria. No descarto ser feliç quan sigui president, tot i que conec el repte que significa. Però m'automentalitzaré per ser més feliç. Ara..., ara tinc tanta feina! Però estic més tranquil que abans amb mi mateix. He après a encaixar les males arts. I, a més, Pilar, ja ho saps, resistir és vèncer...*

Vencerà? La resposta no és objecte d'aquest llibre. Però, en certa manera, ja ha vençut. *Que què faré si no arribem a governar? Oh, collons, Pilar!, doncs viure!* Ho diu Francesc

Homs. *Em faré un fart d'esquiar. Aniré a esquiar cada cap de setmana dels anys següents. Saps? Ja hem guanyat, perquè el balanç que presentem ja no ens el treu ningú. Hem cohesionat CiU, hem creat opcions d'èxit, hem consolidat un lideratge. Hem vençut.* David Madí ho ratifica, *no sé si guanyarem, però és evident que no hem fracassat.* I Lluís Corominas ho completa, *suportaríem més la derrota que abans, perquè hem fet tot el que calia. No se'ns podrà fer cap retret.* Però Felip Puig sentencia, *guanyarem. I et diré una cosa...*

Artur Mas serà molt millor president que candidat.

Mentre això encara no passa, l'home que pot esdevenir millor president que candidat recita de memòria poesia francesa al seu despatx del Parlament. Certament, està emocionat. I en observar-lo silent i propera, la mirada s'adona que ha caigut la màscara. Al davant no hi té un emboscat. Al davant hi té un home. Amb els seus neguits, les seves il·lusions, les seves pors, les seves esperances. Un home que s'ha mostrat i, en l'esforç de trencar l'escut protector, ha crescut a la mirada externa.

La intuïció, doncs, es confirma. La màscara no protegeix les seves febleses del món. No l'amaga. La màscara el protegeix, a *Ell*, de les febleses del món. És a dir, el preserva.

Emocionalment, em poden fer mal. Potser per això em protegeixo...